AI時代をリードする「生き方」指南
理系・文系「ハイブリッド」型人生のすすめ

江 勝弘
こう・かつひろ

言視舎

まえがき

　日本では高校生の時、理系か文系かの進路を選択させられます。進学や就職の時に理系か文系かを選ぶことは、その後の人生にどれくらい影響するのでしょうか？　私は高校時代にソニー創始者のひとりである井深大（注1）さんの「**理系と文系のハイブリッド型人間のすすめ**（注2）」という講演を聴き深く感銘しました。そして私は理系の勉強後、就職時には、あえて文系の仕事を選びました。井深さんの教えを自ら実践したのです。理系学生の「文系就職」のはしりだったと思います。

　本書では私の経験をもとに、ビジネスで評価されるうえで理系と文系の選択に有利不利があるのかを検証してみました。また日本の教育水準の確認、「理系・文系ハイブリッド型人間」になるためのコツ、企業の人事担当者の本音もまとめてみました。さらに情報セキュリティ技術の研究で著名な京都大学の岩下直行教授へのインタビューも記載しました。

　ぜひ、進路や就職に悩んでいる学生さん、指導される先生方、企業の採用担当の皆様、幅広く教育関係に興味のある方々に読んでいただきたいと思います。

（注1）：1946年井深大（いぶかまさる）氏と森田昭夫氏により設立された東京通信工業は1958年にソニーと名称変更し日本を代表する大会社となった。井深大氏による設立趣意書が有名。

（注2）：井深さんの主張は、理系や文系に偏った勉強は良くない。世界で活躍するためには両方の勉強が必要だというものだったと記憶している。

2018 年、経団連から「日本は**ソサエティ 5.0**（注3）を目指し、理系の学生は歴史と哲学を、文系の学生は数学をもっと学ぶべき」という注目すべき提言がなされました。

ソサエティ 5.0 の内閣府の説明文に私が着目する一文があります。それは、「これまでの情報社会（ソサエティ 4.0）では知識や情報が共有されず、分野横断的な連携が不十分であるという問題がありました」という一文です。つまり内閣府は今後のソサエティ 5.0 時代には、「知識や情報を共有し分野横断的な連携」が必要だと考えているわけです。このような背景から経団連からも、「学生は理系と文系の垣根を越え分野横断的（ハイブリッド）に勉強すべき」という提言がなされたのです。

（注3）：ソサエティ 5.0 とは狩猟社会（ソサエティ 1.0）、農耕社会（ソサエティ 2.0）、工業社会（ソサエティ 3.0）、情報社会（ソサエティ 4.0）に続く新たな社会を指すもので、我が国が目指すべき未来社会の姿として提唱されている。内閣府によれば **IOT**（注4）、ＡＩ（人口知能）、ロボットなどにより新たな価値が生み出され、社会変革（イノベーション）を通じて、希望の持てる社会、世代を超えて互いに尊重できる社会、一人ひとりが快適で活躍できる社会がソサエティ 5.0 により実現されると記載されている。

（注4）：IOT（Internet of Things）とは全ての人と、ものがインターネットにつながり情報共有ができること。

ハイブリッドという言葉には、異なった要素を混ぜ合わせたもの、組み合わせたものという意味があります。有名な例がハイブリッド自動車です。ハイブリッド自動車には、ガソリンエンジンと電気エンジンの良いところ取りをしたという特長（燃費効率など）があります。一般的にはハイブリッドという言葉

には、優れたものというイメージがあると思います。私は実際に「ハイブリッド」に好意をもつブラジル人とお会いしたことがあります。

私が**指静脈認証技術**（注5）をブラジルの銀行に売り込んでいた時のことです。売り込みに苦戦していたある日、私が静脈と指紋の２つの技術の組み合わせ（ハイブリッド）のアイディアを話したことがありました。今まで興味のなさそうに聞いていたブラジルの銀行員が「そのハイブリッド技術は良いね！」と突然興味を示したことがありました。

後になって現地駐在員から、「ブラジルは混血人種の国なので、ハイブリッドは優れているという暗黙知をもっている人が多い」と聞きました。つまり２つの認証技術を組み合わせる（ハイブリッド化する）ことに、ブラジルの銀行員は魅力を感じたわけです。このようにハイブリッドという言葉に良いイメージをもつ人たちもいると思います。

（注5）：指の静脈パターンを読み取って本人かどうかを判定する日本発の生体認証技術。

　ビジネスでも**「理系・文系ハイブリッド型人間」の場合は、視野が広いため、より良い判断ができる**と私は考えます。世間では理系的発想とか、文系的発想と言われるものがあり、お互いが相容れない部分があるように言われています。しかしながら、ビジネスの場面では相互理解がとても大事で、そのためにもハイブリッド型人間が求められると思います。本書ではここら辺の事情も実際に企業に在籍した人間として言及したいと思います。

今後はＡＩ（人工知能）が世界中のあらゆる仕事で使われるようになると予想されます。そしてＡＩ全盛時代には、「理系・文系ハイブリッド型人材」が当たり前になると私は考えます。例えば、ＡＩ開発にあたっては、技術的には可能でも倫理的には許されるのか？という観点でチェックをしなければなりません。そうしないと兵器に悪用されるＡＩ技術を開発してしまう懸念があるからです。つまりＡＩ開発時には歴史や哲学、倫理学といった文系的な知識から得られる知見で、開発をチェックする必要があるのです。

　また、従来、文系人材しか配属されてこなかった企業の人事部門にも、理系人材が必要になってきました。具体的にはビッグデータを取り扱う**データーサイエンティスト**（注6）という人材です。

　このようにビジネスでは、理系と文系の枠組みを超えた人材が求められる時代になってきました。本書ではＡＩ全盛時代に求められる人材像について考察を行ないます。

（注6）：ＡＩではビッグデータを取り扱う。ビッグデータは多数の機器などから集められるが、データの定義やフォーマットが違うことが多く、分析は大変難しい作業になる。データサイエンティストとは、そのようなビッグデータを集めて、意味のある分析を行なう専門家のこと。

　戦後、技術立国を目指しモノづくり大国として大成功を収めた日本。そして日本の後追いながらも、あっという間に追い越していった中国。その後に虎視眈々と日本に追いつき、追い越そうと経済活動に余念のないインドや東南アジアの国々。日本を取り巻く環境は厳しさを増しています。一方で日本の優れた

技術や文化、美徳、マンガなどにあこがれる外国人は日本人が想像するよりずっと大勢います。今まで私はそんな日本大好き外国人に何度も会ってきました。

そこで私が思うのは、「**今こそ日本人は自分たちの強みを認識し**、個別主義に走る強大国たちと一線を画し、**日本の良さを具現化するサービス・製品・カルチャーで世界に貢献すべきで**はないか」ということです。そしてそのためには従来にない「**理系・文系ハイブリッド」な教育が必要**だと思います。

理系と文系の垣根を乗り越え、世界に羽ばたく日本人が増えていくことを私は心より祈っています。本書によって「理系・文系ハイブリッド型人間」を目指す人たちが増え、「日本が世界に貢献する」一助になれば、筆者としてこれ以上の喜びはありません。

目次

まえがき　3

第1章　海外と日本の教育の実態

1　海外の理系教育の実態は？　14
2　ＰＩＳＡ調査が教える世界における日本の15歳の教育水準は？
　　19
Column 1　そろばんとＹ先輩　29

第2章　日本の教育の実態

1　高校における理系と文系の区別は一体なんのために？　32
2　伝説の国語教師　34
3　大学生の教育の実態は？　36
4　私が考える日本の教育のあるべき姿　39
Column 2　工学部とは？　42

第3章　理系と文系の出世実績データ

1　理系と文系どちらが社長まで出世できるのか？　46
2　理系と文系どちらが役員まで出世できるのか？　47
3　スティーブ・ジョブズ氏が伝えたかったこと　49
4　理系の「文系就職」とは　51
5　理系と文系の年収比較　54
Column 3　理系と実験　56

第4章　私の実体験：理系だから文系だからは単なる
　　　　　　　　言い訳にすぎない！

1　就職　60

2　新入社員　60

3　コンピュータ営業　61

4　計算は得意ですか？　63

5　ここまで数学ができないと……　65

6　数学ができない学生達とマークシート式試験に共通する問題点
　66

7　営業の社内的な地位と社内マネジメントシステム　68

Column 4　理系と英語　70

第5章　企業側の実際の声

1　企業が学生に望むもの　74

2　人事担当者の実際の声　76

3　人事部長の実際の声　77

4　人事という仕事とは？　79

第6章　「理系・文系ハイブリッド型人間」のメリット

1　目指すべき類型　82

2　教養ある人間　84

3　ビジネスにおける「理系・文系ハイブリッド型人間」のメリット
　85

Column 5　専門家になるための時間　88

第7章　「理系・文系ハイブリッド型人間」になるための3つのコツ

1　子どもの頃に戻る　90

2　食わず嫌いを直す　94

3　ディベートは最強の武器　98

Column 6　学生ディベート　100

第8章　ＡＩ社会はリアルな明日だ

1　ＡＩ（人工知能）はここまで来た　104
2　注目されるビジネスでのＡＩ活用事例　109
3　ＡＩ社会への危惧　113
Column 7　読解力についての考察　115

第9章　ＡＩ時代の「人材」論

1　ＡＩにより奪われる職業　120
2　ＡＩによってなくならない職業　123
3　データサイエンティストになる２つのルート　125
Column 8　教育が一番大事　128

第10章　京都大学岩下直行教授インタビュー　　　　　　　　（インタビュアー：江）

あとがき　147

理系・文系「ハイブリッド」型人生のすすめ

ＡＩ時代をリードする「生き方」指南

第 1 章

海外と日本の教育の実態

1 海外の理系教育の実態は？

　海外の理系教育の実態を調べてみました。米国ではＳＴＥＭという教育が推奨されています。このＳＴＥＭとは、"Science, Technology, Engineering and Mathematics" すなわち科学、技術、工学、数学の教育分野を総称する言葉です。2000 年代の米国で始まり、米国の国家戦略として推進されてきたものです。

> ### ＳＴＥＭ教育の狙い （江まとめ）
>
> ① 理数系人材の育成
> ② 技術革新を担う人材の確保
> ③ 自国産業の成長と雇用の確保

　ＳＴＥＭ教育の狙いを見ると、米国が日本や東南アジアに製造業で負けた反省から、今後は技術革新で巻き返そうとする意図が読み取れます。そして現在ではＳＴＥＭ教育はヨーロッパやアジアに広がりつつあります。特に著名な取り組みがフィンランドやシンガポールに見られます。具体的な取り組みについて以下に書いてみます。

(1) 教育水準が高いフィンランド

　フィンランドは森と湖、オーロラなどの観光で有名ですが、教育水準が高いことでも知られています。後述するＰＩＳＡ調査（72 カ国が参加した教育水準を調べる調査）でも上位の成

績を収めています。なぜ、フィンランドの教育水準が高いのか調べてみると、以下のような理由がみつかりました。

①**国家によるバックアップ**：フィンランドでは小学校から大学までの全ての学生の授業料が無料になっています。教育に対して国家が予算面でバックアップを行なっています。個々の家庭の経済的事情により教育機会が減らないように、すべての子どもへ平等な教育が与えられることを目指しているそうです。国家として教育の最重要性をきちんと認識し、予算面でバックアップしている点が素晴らしいと思います。

②**教員が優秀**：フィンランドでは教員は憧れの職業だそうです。**採用基準として大学修士卒の資格が求められています**。そのため、教員になるのは狭き門で、本当に優秀な人がその職についています。教員が優秀というのが、教育水準を上げるためには重要だと思います。

③**最新技術の利用**：フィンランドでは生徒には苦労する九九の暗記などさせずに、最初から電卓を使わせています。暗記ではなく物事を考えさせるためには、最新プラットフォームを利用したほうが良いという考え方です。ここらへんがフィンランドの特徴的なＳＴＥＭ教育の実態だと思います。

出展：シェーンスノウ「学力世界一のフィンランドでは『九九』を暗記せず電卓を使う」（現代ビジネス）

　　　https://gendai.ismedia.jp/articles/-/49596

(2) 世界一教育熱心なシンガポール

　シンガポールもフィンランド同様、教育熱心な国家として有名です。後述のＰＩＳＡ調査によると、科学的リテラシー、読解力、数学的リテラシーの３分野について世界 72 カ国ですべてトップの成績です。もはや世界一教育熱心な国と呼んでも間違いではありません。シンガポールが世界一になれた理由は以下のとおりです。

①**莫大な教育予算**：フィンランド同様、シンガポールでも教育は最重要国家戦略となっています。その証拠に教育関連予算は**国家予算の約 25％**（注 2）を占めています。シンガポールは人種が入り乱れる国です。そのため能力主義で人間を評価せざるを得ず、教育熱心になったという事情があると言われています。
出展：高須正和「失敗を恐れるシンガポール人気質を変えるＳＴＥＭ
　　　教育」（fabcross）
　　　https://fabcross.jp/topics/tks/20170510_singapore_STEM_01.
　　　html
（注 2）：2018 年度の日本の文教科学予算は国家予算の約 5.5%。

②**ハンズオン**（注 3）（**体験学習**）**の充実**：シンガポールでは、プログラミング、ロボット、３Ｄプリンティングなど次世代技術を子どもたちに教える時に、ハンズオンという体験型学習を活用しています。ハンズオンとは、ともかく触ってみて、作ってみて、子どもに気づかせる手法だと言えます。どうしてよいか詰まってしまった子どもには、先生がさっと寄ってきて、教えてあげるというように、先生側のサポートも充実しているようです。

（注3）：ハンズオン（Hands On）とは手を置くという意味から、手を触れる＝体験型の学習という意味に使われるようになった教育用語。

出展：石原正雄、クリス・ティ「日本の20年先を行く！シンガポールのＳＴＥＭ教育とは」（SINGA FARM）

https://www.shinga-farm.com/study/singaporean-national-strategy/

③**ビジネス直結**：シンガポールは、日本と同様に資源のない狭い島国です。シンガポール政府は、今後の国家としての生き残りを技術立国に賭けました。そして**技術立国の１つの戦略**（注4）がＳＴＥＭ教育です。したがって対象としている技術もすぐにビジネスに直結するものになっています。具体的には、シンガポールのＳＴＥＭ教育は、次のページの８分野に絞られています。

（注4）：シンガポール技術立国に向けた戦略は、教育以外にも税制優遇による外資誘致などがある。

第1章　海外と日本の教育の実態　17

シンガポールが推進するＳＴＥＭ教育８分野

1. 工学＆ロボティクス
2. ＩＣＴ（情報通信技術）プログラミング
3. 食品生産科学
4. 環境科学＆持続可能な生活
5. 材料科学
6. 健康科学
7. 輸送
8. モデリング・シミュレーション

出展：「理工系分野における女性活躍の推進を目的とした関係国の社会制度、人材育成等に関する比較・分析調査報告書」3.5 シンガポール

http://www.gender.go.jp/research/kenkyu/pdf/riko_comp_03_05.pdf

　海外の理系教育の実態を調べると、日本より相当進んでいる部分があります。**日本も良い事例はお手本として素直にまねたほうが良い**と私は考えます。

2 PISA調査が教える世界における日本の15歳の教育水準は？

PISA（Programme for International Student Assessment）（注5）という4年に一度行なわれる各国の教育水準の調査があります。直近の2015年の調査結果は表1.の通りです。

（注5）：72カ国と地域から約54万人が参加し、**OECD**（注6）が行なった15歳の子どもの教育水準を調べる調査。

（注6）：OECDとは Organisation for Economic Co-operation and Development：経済協力開発機構の略であり、本部はパリに置かれている。

表1．PISA調査における各分野別上位10カ国（2015年）

順位	科学的リテラシー	平均点	読解力	平均点	数学的リテラシー	平均点
1	シンガポール	556	シンガポール	535	シンガポール	564
2	日本	538	香港	527	香港	548
3	エストニア	534	カナダ	527	マカオ	544
4	台湾	532	フィンランド	526	台湾	542
5	フィンランド	531	アイルランド	521	日本	532
6	マカオ	529	エストニア	519	北京他	531
7	カナダ	528	韓国	517	韓国	524
8	ベトナム	525	日本	516	スイス	521
9	香港	523	ノルウェー	513	エストニア	520
10	北京他（＊）	518	ニュージーランド	509	カナダ	516

（＊）北京他：北京、上海、江蘇、広東

表1．の通り日本の15歳は科学的リテラシーで2位、数学的リテラシーで5位となっています。残念ながら読解力は8位です。乱暴な言い方をすると理系分野では世界的に上位であるのに対し、読解力という文系分野ではやや心配と言っても良いと思います。次に各分野別に細かく見ていきましょう。

(1) 科学に強い日本

まず科学的リテラシー（注7）です。科学的リテラシーとは「科学的知識を利用して、与えられた情報から解決手段を導き出し、課題解決できる能力のこと」です。

（注7）：リテラシーとは理解し使いこなせる能力のこと。

実際に2006年の科学的リテラシーの問題を見てみましょう。

問題のタイトルは「温室効果、事実かフィクションか」という刺激的なものです。

［問題の前提］

図書館で太郎さんは二酸化炭素（以下 CO_2 と略す）と地球の平均気温のグラフを見つけました。太郎さんは2つのグラフを見て、「平均気温が上がったのは CO_2 の排出量が増えたからだ」との結論を出します。一方、花子さんは太郎さん意見に反対の立場を取ります。

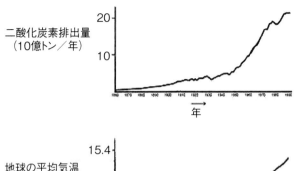

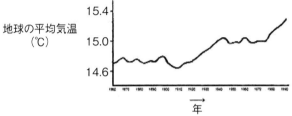

［設問］
1．太郎さんの結論はグラフのどのようなことを根拠にしていますか？
2．花子さんは、グラフの一部に太郎さんの結論に反する部分があると言っています。その部分を示し説明してください。
出展：教育Zine、Kyoikujin 著、一部文章を加工済み。
URL：https://www.meijitosho.co.jp/eduzine/news/?id=20070440

［回答例］
1．2つのグラフとも基本右肩あがりとなっていて相関関係があると言える。したがって地球の平均気温があがったのは、CO_2の排出量が増えたからだと言える。
2．2つのグラフの◯で囲んだ部分で、前半は CO_2 が横ば

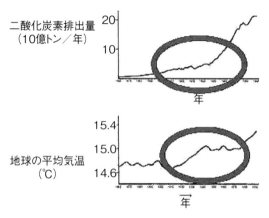

いに対し気温上昇、逆に後半は CO_2 が増加したにもかかわらず、気温は横ばいとなっていて太郎さんの主張する「グラフに相関がある」という論拠に矛盾する。

[考察]

設問1は「与えられた情報（CO_2 の排出量と地球の気温）から、現象（温暖化）を説明するという**科学的手法**(注8)」が使えるのかを確認するためのものです。そして太郎さんは、両データとも基本的には右肩あがりという事実から関連性はあるという科学的手法（推論）を使い「CO_2 と地球温暖化は関係がある」と結論付けています。

(注8)：この場合は、グラフの近似性（どれだけ似ているか）から、関連性を導き出す手法。

設問2は「仮説が正しいかどうかを徹底的に検証するという科学的姿勢」を問う設問です。仮説検証を実践する役目が花子さんです。花子さんは、両グラフをよく見れば、違う動きをし

ている期間が見つかるために、関連性があるとは言えないという立場を取ります。

　今は地球温暖化に関しては CO_2 の排出が原因だとマスコミ中心に騒がれている時代です。この問題はマスコミをうのみにせず自分で考えデータで確認するのが、科学的考え方ですよと教えてくれます。

　実際には15歳の日本人の正答率は、設問1が約7割で、設問2が約5割だったとのことです。本設問のような難しい問題も出るテストで、日本が世界第2位という結果は大いに評価できるのではないかと思います。尚、2006年時点のＰＩＳＡ調査は上記のような記述式になっていましたが、現時点では選択式に変更になっています。

(2) やや心配な日本の読解力

　2009年の読解力の実際の問題を見てみましょう。

［タイトル］在宅勤務

「未来のやりかた」

　想像してみてください。コンピュータや電話などの情報ハイウェイを使って、あなたの仕事をすべて片付けられる「**在宅勤務（テレコミューティング）** (注9)」という働き方があったらどんなに素晴らしいことか。もう、ぎゅうぎゅう詰めのバスや電車でもみくちゃにされながら、何時間もかけて通勤する必要はありません。あなたの好きな場所で仕事ができま

す。そしていつでも都合のよいときに仕事ができるようになるでしょう。新しい仕事のチャンスがどれだけできるか！

モリー

(注9)「在宅勤務（テレコミューティング）」とは、1970年代初めにジャック・ニルズがつくった言葉で、会社から離れた場所（たとえば家など）でコンピュータを使って仕事をし、電話回線を通じてデータや文書を会社に送るという勤務形態を表した言葉です。

「待ち受ける災難」

　通勤時間を短くして、それに費やされるエネルギーを節約するというのは、たしかによいことです。ですが、それは、公共交通機関をもっと便利にしたり、職場の近くに住むことができるようにしたりしてなしとげられるべきことです。だれもが在宅勤務する生活というのは野心的な考えではありますが、そうなったら、人々はますます自分のことだけしか考えなくなるでしょう。自分が社会の一員であるという感覚がますます失われてしまっても、本当にいいのでしょうか？

リチャード

［設問］

　上の「在宅勤務」をよく読んで、以下の問に答えてください。「未来のやりかた」と「待ち受ける災難」という二つの文章はどのような関係ですか。

A　違った根拠を用いて、同じ結論に至っている

B　同じ文体で書かれているが、まったく違った話題について論じている

C　同じ考えを述べているが、違った結論に至っている

D　同じ話題について、対立した考えを述べている

［回答］
D：モリーは通勤時間の短縮は在宅勤務で実現され、それは素晴らしいものだと評価しています。一方でリチャードは通勤時間の短縮は公共交通機関を便利にすることや、職場の近くに住めるようにすることによって実現すべきと考えています。リチャードは在宅勤務により自分のことしか考えなくなる懸念も表明しており、在宅勤務に反対をしています。

［考察］
　本問題は意外に難しいかもしれません。全ての設問に「同じ」という言葉が入っていて、回答者を迷わせるからです。結局は２つの文章の意味をわからないと解けません。きちんと理解できれば、２つの文章は違う結論だということがわかります。この時点で正解はＣかＤに絞られます。後は「同じ考え」なのか「同じ話題」なのかですが、本設問は在宅勤務という話題についてですので、正解はＤだとわかります。

　真の読解力があれば、このような問題は間違えないはずです。しかしながら、15歳の日本人は間違えた人が多かったので、私としては、読解力の不足が心配になります。この読解力の不足については、ＡＩ研究者の新井紀子さんが優れた研究をされているので、後ほど細かく考察したいと思います（コラム7 = 115頁）。

第1章　海外と日本の教育の実態　25

(3) 順番が落ち気味な日本の数学

　最後にＰＩＳＡにおける数学的リテラシーについては全世界で第5位でした。科学的リテラシーより順位が下位なのが気になります。また2000年はトップだったのに、以降の**順位は下落傾向**(注10)なことも気になります。

(注10)：ＰＩＳＡ数学的リテラシーの日本の順番は2000年1位、2006年10位、2015年5位であった。

　2012年のＰＩＳＡ数学的リテラシーの実際の問題を見てみましょう。

［設問］
　点滴の滴下速度に関する問題（ＰＩＳＡ2012年調査問題）
　　　　　　　　点滴の滴下速度

　点滴は、水分や薬剤を患者に投与するのに用いられます。
　看護師は、滴下速度Ｄ、つまり点滴を1分間に何滴落とすかを計算しなければなりません。

　その場合、$D = \dfrac{dv}{60n}$　という計算式を用います。

　dは1ミリリットル（mL）あたり何滴かを示すドロップ・ファクター

vは点滴する量（mL）

nは点滴に必要な時間（時）

［設問］

点滴の滴下速度に関する問

看護師は、滴下速度Dから点滴量vを計算することも必要です。

滴下速度が1分あたり50滴の点滴を、3時間患者に投与する必要があります。ドロップ・ファクターは1mLあたり25滴です。

点滴量は何mLになるでしょうか。

点滴量：＿＿＿＿＿＿＿＿＿＿mL

［回答］

もっとも簡単な方法は実際に式に数値を入れてみることです。

$D = dv \div 60n$ ですから、$50 = 25v \div (60 \times 3) = 25v \div 180$

したがって $25v = 50 \times 180 = 9000$、すなわち $v = 9000 \div 25 = 360$ が回答となります。

もう少し高度にすると、当初の計算式 $D = dv \div 60n$ から $v = (D \times 60n) \div d$ という計算式にして、数値を入れると $v = (50 \times 60 \times 3) \div 25 = 360$ と回答を求めることができます。

［考察］

一次方程式なので、すごく簡単な問題です。この問題を解けない人は上記の例で言うとd, n, v, Dといったアルファベット自体にアレルギーがあるからだと私は考えます。数学が苦手な

第1章　海外と日本の教育の実態　27

人には、かなりの確率でアルファベットアレルギーの人がいると思います。アルファベットが苦手な人でも、数学におけるそれは単なる仮置きだということがわかれば、すっと腹落ちして理解できるのに、それができないのは全くもって残念だと私は思います。

　以上ＰＩＳＡ調査に基づく日本の15歳の子どもの「科学的リテラシー」「読解力」「数学的リテラシー」の全項目についてレビューしてみました。まとめると「科学的リテラシー」については優秀。「読解力」と「数学的リテラシー」についてはやや問題ありと私は判断します。ＰＩＳＡ調査に関しては、当然文部科学省も着目しています。また民間でも優れた研究がなされています。ためしに「ＰＩＳＡ調査」とネットで検索すると多数がヒットします。今後、文部科学省と民間の協力により改善が図られることを私としては期待します。

Column 1. そろばんとY先輩

　幼少の頃、僕は教育熱心な母親からピアノ、習字、そろばんを習うように命じられた。しかしながらピアノは女みたいとかからかわれるのが嫌で1年でとん挫。習字は夕方のテレビ番組見たさに2年でやめた。そろばんも「そのうち計算機が計算するから不要」と屁理屈を言い習わなかった。ところが高校に入り、そろばん教室に入らなかったことを後悔することになる。その経験について書いてみよう。

　僕は長崎県立S高校の出身である。当時のS高校は国公立大学の進学率で全国上位を目指していた。僕の1年上にとんでもなく成績の良いYという先輩がいた。高校の生徒会でこんなことがあった。全校の生徒が体育館に集められ生徒会から分厚い資料による会計報告がなされた時のことだった。「何か質問ありますか？」と会計係が質問した時に、そのY先輩が突如として挙手をした。しーん、とした体育館の中、Y先輩が放った一言は「これ計算間違っていませんか？」だった。

　会計係がそろばんを取り出して、汗をかきながら計算し直した結果は、指摘通り計算間違いだった。その時、全校生徒が放った「大秀才が間違っていなかった！」との安どのためいきと「よくもこんな短時間で計算ミスを見抜いたな！」という驚きが広い体育館に広がったのを僕は今でも覚えている。実はY先輩はそろばんの名手で、資料を見た瞬間に暗算をして間違いに気が付いたのだった。

第1章　海外と日本の教育の実態　29

この時に僕はそろばんの凄さを体験したと同時に、幼少の頃にそろばん塾に行かなかったことを心底、後悔した。僕の出身校であるS高校では3年間の試験の成績が公開されていた。学校始まって以来の大秀才と言われたY先輩の3年間の数学の平均点数は99.999点だった。一度だけ細かいミスをしたことがあるらしい。同学年だった姉に聞くと、数学の試験終了後には、Y先輩の答案用紙が模範解答として掲示板に張り出されていたそうだ。その後Y先輩は、すんなりと東大理科Ⅲ類に合格したのち麻酔科の医師になられ、現在も優れた手腕を発揮されていると聞く。

　中学時代に成績が良かった僕は「世の中には上には上がいるものだ」と思った。そしてこのY先輩には到底かないそうもないとの自覚が芽生えた。この時の経験が理系科目は好きだが、職業として一生理系の仕事に就くのはどうなのだろうという疑問につながっていった。

第2章

日本の教育の実態

前章までＰＩＳＡ調査結果による15歳の日本人の教育水準をみてきました。本章では日本の高校教育の現場と大学生の実態について書いてみます。

1　高校における理系と文系の区別は一体なんのために？

　そもそも理系と文系の違いがいつ頃生じたのか調べてみました。その結果、日本における理系と文系の区別の始まりは、1918（大正7）年の旧制高校に関する学校令第8条の「高等学校高等科を分かちて文科及理科とする」という一文を起源としていることがわかりました。

出展：RUNNERS HIGH 福祉のミカタ

URL：http://runnershigh1.com/humanities/

　しかしながら、高校生の時に理系と文系を分けて、受験科目だけを勉強させる（＝文理選択と呼ぶ）ようにしたのは、いつからなのか？　また最初に始めた学校は？については、私が調べた範囲ではわかりませんでした。おそらく**ベビーブーマー**（注1）たちが受験する頃に、ある受験校の成功を見て、まねをする学校が続出したのではないかと想像します。

　高校生の時点で理系と文系を分けることは、中国、韓国、フランスでも行なっているようです。いずれも受験戦争が激しい国です。逆にこの3カ国以外では高校時代には文理選択は行なわず、**大学2年生の時に理系と文系を選択**します。理系と文系の選択については、こちらの方式が世界標準だと言えます。

（注1）：出生率が上がった時期に生まれた子どもたち。日本では第2次世界大戦終了後の1947年から1951年までに、たくさん生まれた子

どもたちのことを示す。

　高校時代に受験のために文系と理系を分けるこの「文理選択」には、以下に列記するように弊害が多いと私は考えます。

高校時代における「文理選択」の弊害

　　①将来の職業選択の幅を狭める
　　②教養不足の社会人を生み出す懸念がある
　　③特定科目に苦手意識を持ったままになる
　　④選択しなかった特定科目の学習機会を奪われる

　それぞれについて簡単に説明します。
①高校時代に文理選択させるということは、その時点で**職業の選択の幅を狭めて**しまいます。例えば文系を選択すると、将来の医者への道は絶たれると言って良いでしょう。そもそも人生経験が少なく判断材料に乏しい生徒たちに、将来の職業に関わる決断をさせてしまうのは良くないことだと私は考えます。海外の大学のように２年生終了時に専門を選択させる仕組みが望ましいと思います。大学２年生ともなれば、世の中の仕組みも分かりだした頃だと思うからです。
②「文理選択」は結局、入試に備えるためのものです。その結果、高校生に「入試に出ない科目を勉強するよりも、良い大学に入るほうが大事」という価値観を植えつけます。資本主義社会ですから、その価値観が完全に間違っているとは言いがたい面もありますが、**教養が足りない社会人を生み出す懸念**はぬぐえません。

③数学が苦手な生徒は文系を選択し、国語や英語が苦手な生徒は理系を選択する傾向があると思います。高校３年からは一部の苦手な科目は勉強することを免除されるため、**一生、特定科目に苦手意識**をもったままになる懸念があります。
④**勉強する機会を失った科目**はその気にならない限り、一生勉強することはありません。私の場合、理系の世界史コースを選択したので、高校で日本史を学ぶ機会を失ってしまいました。それがどれだけ残念なことかは社会人になって初めて知ることになりましたが、大いに後悔をすることとなりました。

　このように日本で行なわれている文理選択は、世界から見ると、かなり特殊な方式であり弊害も多いと思います。しかしながら、教育制度はすぐには変えることができません。したがって、生徒や教育機関にできることは、このような弊害をできるだけ少なくする努力だと思います。
　そのためには、日本は特殊だという認識をしたうえで、想定される弊害への対処を教育機関も生徒も意識的に行なうことが大事だと思います。例えば、文理選択を迫られた生徒たちへ、**卒業生から経験談を聞く機会を作る**とか、考えてみればいくらでも対処法があると思います。本書を読むのも生徒達にとって、将来を考える良いきっかけになるのではないでしょうか。

2　伝説の国語教師

　かつて灘高校には**中勘介氏の「銀の匙」**（注2）という小説を３年間かけて生徒に読ませる伝説の国語教師である橋本先生がいらっしゃいました。私はテレビで橋本先生の授業を拝聴した

ことがあります。例えば「銀の匙」の中に干支（注3）が出てくるとします。そうすると橋本先生は「そもそも干支とは？」から始まり、中国の起源から日本に来た時のいきさつから、ありとあらゆる干支に関する話をされるのです。干支という、たった一つの単語から数時間を越える授業（物語）がつむぎ出
されるのです。次に「銀の匙」の中に「タコ」が出てきたとします。そうすると橋本先生は皆で実際に「タコ」を作るのです。どんどん脇道に逸れながら橋本先生は何にでも興味をもって自分の頭で考え、自分で行動していくことの大事さを教えていました。まさに幅広い教養が身につくのと同時に、何にでも興味をもつようになるという一石二鳥（注4）の効果が得られる教育だと感心しました。このように灘高校は受験テクニックを教え込むのではなく、自分で興味を持てることを探す手伝いをする。興味を持つことが見つかりさえすれば、とことん自分で勉強するうちに深い教養が身につく。このような急がば回れという教育方針で、灘高校は高い難関大学進学率を誇っています。

（注2）：「銀の匙」とは中勘介の小説。正義と自由と美にあこがれる少年の物語。

（注3）：中国に始まった、日付、時間、方角などを表すもの。実際には10種類と12種類を組み合わせた数の言葉。10種類は甲、乙、丙と続く文字で、12種類は子、丑、寅と続く動物シリーズの文字。

（注4）：ひとつの（ひとつの石を投げる）ことで、ふたつの利益（二羽の鳥をとらえる）を得ることができる例え。英語にも「kill two birds with one stone」という同じことわざがある。

3 大学生の教育の実態は？

　灘高校のように、おおらかに幅広い教養をつけさせる教育を
おこなっている学校もあると思いますが、一般的には有名大学
への進学率のみを競っている高校が圧倒的に多いと思います。
来る日も来る日も、生徒も教師も受験のことばかり気にしてい
たら疲れ切ると思います。また希望大学の受験に失敗した人間
は大きな敗北感を抱えます。このような事情もあり、日本では
大学に無事入学したら、全く勉強をしなくなる学生が増えます。
私も受験失敗組なので身に覚えがあります。これは受験戦争に
疲れ果てた後の一種の燃え尽き症候群とも言えるものだと私は
考えます。

　日本に比べて海外、特に米国では大学に入学するのはそれほ
ど難しくないが、勉強しないと授業についていけないため、卒
業するのは本当に大変だと言われています。そのため米国の大
学生は猛烈に勉強します。そのかわり米国では立派な成績で卒
業する学生には、有名企業から声がかかり高給で優遇されます。
大脳生理学者の苫米地英人博士の口癖は「もしあなたが若くし
て巨額のマネーを稼ぎたいなら、英語をネイティブ並みにして、
米国の有名大学のＭＢＡ（注5）を取った上で、ウォール街で
働きなさい。軽く1億円くらいの年収になるから」というもの
です。日本はよく学歴社会といいますが、米国の真のエリート
学歴社会は想像を超えたものだと思います。
（注5）ＭＢＡとは「Master of Business Administration」の略で日本
では経営学修士と訳される。経営学の大学院修士課程を修了すると与

えられる学位。ＭＢＡ所得者は企業経営のプロフェッショナルを育成するための教育課程を経た人材とみなされる。

　大学生の勉強時間の日米格差は大きいと言わざるをえません。下表はやや古いですが、2007年の文部科学省調査の「学生の学修時間現状」を表にしたものです。

1週間あたりの勉強時間（＊）

国	0時間	1－5時間	6－10時間	11時間以上
米国	0.3	15.3	26	58.4
日本	9.7	57.1	18.4	14.8

（＊）大学1年生が授業以外に自宅などで勉強する学習時間。2007年調査。

　この表を見ると、米国の学生の大半が授業以外に週11時間以上勉強しているのに対し、日本の学生の大半は1～5時間しか勉強していないことがわかります。さらに全く勉強しない学生が米国ではほぼゼロに対し、日本では約10％もいることも見えてきます。**これでは日米大学教育格差は広がる一方**と考えていいでしょう。

　前章で見たように15歳時点での日本人生徒は、読解力にやや心配は残るものの、科学的・数学的リテラシーでは世界的に見ても優秀です。しかしながら、本章で考察したように、日本人の高校生は2年生の時に「文理選択」を迫られるため、高校3年生以降は全く勉強しない科目が生じてしまいます。

　例えば、一部の理系の生徒にとっての日本史とか、文系の生

第2章　日本の教育の実態　37

徒にとっての数学Ⅲとかがそうです。そして、その気にならない限り一生その科目を勉強する機会はありません。日本では大学に無事に入学した後は、燃え尽き症候群などもあり、勉強しない学生が圧倒的に増えてしまいます。

　一方で海外の大学では、1年生〜2年生は教養（**リベラルアーツ**（注6）**と呼ぶ**）を学び、その後自分の専門を決めます。海外の大学生は専門を決める前に幅広く知識を吸収することが可能です。しかも宿題はどんどん出る、試験は厳しいという理由で、海外の大学生は遊ぶ暇もないくらいに勉強することが、特に一流大学では顕著に見られます。このように日本と海外を比較した時には、「日本の教育の実態は海外に比べて、中学生時代までは比較的優秀、高校時代に勉強しない科目が出て一部の知識に欠損が生じ、大学に入った瞬間にほとんどの人が勉強をしなくなり、欧米の大学教育、特にエリート校のスパルタ教育に比べると見劣りがする」と言って良いと思います。

（注6）：リベラルアーツとは人が持つべき7つの技術と芸術のことで、具体的には文法学、修辞学、論理学、算術、幾何、天文学、音楽の7科目。19世紀ころのヨーロッパの大学で使われていた。現在では大学において、人文科学、社会科学、自然科学の基礎分野を横断的に教育する仕組みのこと。**まさに筆者が訴えたい理系文系のハイブリッド教育のことである。**日本でも教養課程として大学2年まで学べる大学は多いが、既に専門分野が決まっているため、ハイブリッドな勉強をしようというモチベーションは一般的には低いと言わざるをえない。

4　私が考える日本の教育のあるべき姿

　今まで、日本の高校と大学における教育の実態を見てきました。私なりに辛口に、教育に関わる組織と生徒、学生の本音をまとめてみると下記のようになるのではと思います。

表1．教育に関わる組織と生徒、学生の本音

組織	学校や企業の本音	生徒、学生の本音
高校	・良い大学への進学率を上げたい ・父兄に文句を言われたくない	・ひたすら良い大学に入りたい
大学	・定員割れは困る ・学生を集めるために、良い企業への就職率を上げたい	・良い就職先を見つけたい ・資格を取るためや専門職につくための勉強以外はやりたくない
企業	・良い新入社員が欲しい ・学校では役に立つ勉強をしてきてほしい	・自分のキャリアを向上させ、高い給与がもらいたい

　このような本音は経済合理性という意味では間違っていないと私は考えます。自分が儲かりたいと思うことが、個人のインセンティブになり社会発展させる面があるからです。一方で全員が経済合理性だけを追求すると、人をけおとすようなギスギスした社会になります。これを防ぐためには、表2．のような本来の「あるべき姿」に戻って考え直すべきと私は考えます。

第2章　日本の教育の実態　39

表2. 教育に関わる組織や生徒、学生のあるべき姿

組織	学校や企業のあるべき姿	生徒、学生のあるべき姿
高校	・社会に貢献する大人を育てる ・個人の個性を大事にする	・自分のやりたいことを見つける ・友人をつくる
大学・	・学生に専門的知識と幅広い教養を身につけさせ、社会に貢献できる人間を育てる	・自分のやりたいことを見つける ・社会に貢献するために、専門的知識と幅広い教養を身につける ・友人をつくる
企業	・Win-Win の関係を築き、全ての**ステークホルダー**（注7）に貢献する	・働く生きがいを見つけ、自己実現を図る ・教育への恩返しとして、社会貢献を行なう

（注7）：利害関係者のこと。企業の場合は、株主、顧客、取引先、従業員、地域住民などがそれにあたる。

「本音」と「あるべき姿」を見比べると、「本音」は短期的で自分だけ良ければ良いというもので、「あるべき姿」は長期的で社会的価値を求めたものということが良くわかります。人間には愚かなところも賢いところもあるので、普通はこの「本音」と「あるべき姿」の間で悩むことになります。

それならば、どうすれば良いのか？　迷った時や悩んだ時は原点である**「あるべき姿」に戻る**ことをお勧めします。高校時代に受験戦争に悩んだら、そもそも自分がこの高校に入学した

のは、「自分のやりたいことを見つける」ために入ったと思い起こせば良いのです。そうすると、受験よりも大事なものや友人などを見つけようと行動するはずです。

　また「自分のやりたいことを見つける」ために、読書したりネットで調べたりして、自分で勉強し自分の頭で考えようとするはずです。自分なりに模索した結果、自分がやりたいことがファッションだったとわかったとします。そうすればデザインを専門的に勉強できる学校に進学すれば良い。私はそのように考えます。世間一般に言われる有名大学に行くのだけが良いことだとは、私は決して思いません。

　このように、**あるべき姿まで戻って真剣に考えると、道はおのずから見えてくる。そして学校は何をしたいのかわからない生徒達に、何か本当に興味のあることに気づかせる場であってほしいと思います。**

Column 2. 工学部とは？

　早稲田大学に入学して友達と話してみると、東大受験失敗組が多数いた。それぞれの失敗理由を聞いてみると試験前日に先輩にご馳走になったらお腹を壊したとか、人間臭い逸話が多く興味深い。また人生の一大イベントに失敗をしたという経験が、「人の痛みがわかる」特性を付加していると思える人もいた。一方で早稲田大学に入学でき大万歳という人も存在した。このように早稲田大学は痛みを知る人と屈託ない人種がブレンドされた不思議な空間だったように記憶している。ここら辺は理系と文系の区分にはあまり関係はないと思う。

　肝心の授業だが、最初の電気工学の授業でこんなことがあった。某教授が「君たちは工学部の学生なのだから、なぜモーターが回るのか理解できなくても良い。モーターを回せば何ができるのか、どう役立つのかを勉強すれば良い。それが工学部の勉強の仕方だ」との発言があった。

　おそらく工学（エンジニアリング）に集中せよという、教授なりの思いがあったのだと今では想像する。しかしながら当時は、「君たちにはモーターがなぜ回るかどうせわからないだろう」と言われた気がして、僕は期待されていないのだなと感じたことを覚えている。理系の本質のひとつが自然現象を理解し尽くす姿勢にあると僕は信じていたので、この教授の発言はいただけないと感じた。

　工学部とは？とネットで検索すると「数学や物理を応用して、世の中に役立つものを作ることを教えるところ」という定義が

多い。要約すると「モノ作り教室」になる。このポイントだけ取り上げると、モノ作りに理論は不要なので某教授は正しい。しかしながら本質的な「なぜ」がわからないと、モノ作りが行き過ぎて人間に危害を与えるものを作ったりする危険はないのだろうか？

　直近のＡＩはアルゴリズムが複雑になり過ぎて、なぜこの解にたどり着いたのかはわからないと聞く。たとえＡＩが発達して人間の能力を超えたとしても、ＡＩの出した解を全面的に信用するのは信仰に近いのではないか。というのもＡＩは「なぜ」を考えず、膨大なシミュレーションの結果で答えを導き出しているにすぎないのだから。

　機械だから間違えないというのは正しくない。むしろ機械だから間違いはあると思ったほうが良い。**理系の本質は「なぜ」を解くために努力してきた道そのもの**だと僕は信じるので、**「なぜ」がわからないものには警戒する**ようにしている。

第2章　日本の教育の実態　43

第 3 章

理系と文系の出世実績データ

本章では理系と文系の有利不利を知るために、理系と文系ではどちらが出世できるのか調べてみました。

1　理系と文系どちらが社長まで出世できるのか？

プレジデント誌 2011 年 10 月 17 日号によると大学・学部別の上場企業約 2,300 社の社長輩出数ランキングは下の表 1．のとおりです。

表 1．大学・学部別社長輩出数ランキング

順位	大学・学部名	理系、文系
1 位	慶應・経済	文
2 位	慶應・法	文
3 位	慶應・商	文
4 位	東大・法	文
5 位	早稲田・政経	文
6 位	東大・経済	文
7 位	早稲田・理工	理
8 位	早稲田・商	文
9 位	東大・工	理
10 位	慶應・工	理

本ランキングでは**東大、慶應、早稲田の３校による上位独占**に驚かされます。３校独占の理由は上場企業の東京一極集中の影響だと思いますので、この傾向は直近でもあまり変わらないと予想します。特に慶應の強さが目立ちますが、**三田会**（注１）という卒業生の強力な人脈ネットワークがあることを考慮すると当然の結果だと思います。

（注１）：慶應大学の OB 会として三田会がある。企業や地域にも三田

会があることが多い。企業経営者や地域の名士などを中心に固い結束を誇る。

　社長まで出世するのに、理系と文系で有利不利があるかといえば、上記ランキングでは理系：文系＝３：７となっていますので、理系が不利なように見えます。また理系出身者が社長になっている企業名を見るとメーカーと建設会社が多いので、どちらかの業界に就職しない限り理系出身者が社長になるのは難しそうです。

2　理系と文系どちらが役員まで出世できるのか？

　役員まで出世するのに、理系と文系で有利不利はあるのでしょうか？　2011年のプレジデント誌の上場企業約2,300社の役員輩出数データによると下記の通りとなります。

表２．大学・学部別役員輩出数ランキング

順位	大学・学部名	理系、文系
1位	慶應・経済	文
2位	慶應・法	文
3位	東大・法	文
4位	早稲田・政経	文
5位	慶應・商	文
6位	早稲田・商	文
7位	東大・経済	文
8位	早稲田・法	文
9位	早稲田・理工	理
10位	東大・工	理

第3章　理系と文系の出世実績データ　47

社長輩出数データと似たような結果ですが、慶應工学部がランキングから外れて、代わりに早稲田法学部が入っています。このため理系：文系の比率は２：８となっています。企業に入ったからには、社長はともかく役員までは出世したいと思うのが人情というものだと思います。しかしながら役員輩出数データからは、理系出身者が役員になるのは結構大変そうに思えます。

　ではなぜ、理系出身者が役員まで出世するのは難しいのでしょうか？　企業の役員構成から考えてみましょう。一般的な製造会社の組織図と役員構成は下の図の通りです。

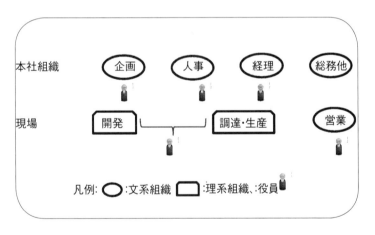

図１．製造会社の組織図と理系と文系の区分

　この例で理系と文系の役員数比率を計算してみると、理系：文系＝　１：４になります。つまり通常の製造会社の理系役員

の割合は2割だということです。そしてこの2割という数字は表2.役員輩出数データとぴったり合っています。つまり単純に理系組織の役員数が少ないため、役員輩出率も少ないということが言えると思います。

これまで社長や役員になった人数という観点でデータを見てきました。結論はそれぞれの輩出した人数だけを見ると、出世するには文系が有利で理系は不利に見えます。しかしながら、この見方には理系と文系の総学生数が考慮されていません。平成25年度版文部科学統計要覧によると、日本の大学生の総数は約288万人、そのうち、理系学生は55万人で約19%のようです。つまり理系学生数が総学生数の2割しかないから、社長や役員になった人数の比率も約2割という結果になっているのではないでしょうか？

結局、**人員構成比率で見ると理系と文系で有利不利はまったくない**ということが言えます。この結果は私にとって少々意外でした。私は理系出身者より文系出身者のほうが出世するのには有利だと感じていたからです。しかしながら事実は、理系文系での有利不利にはまったく差がありませんでした。このことで私は、日本の良い伝統である平等性を再認識することができました。

3　スティーブ・ジョブズ氏が伝えたかったこと

終身雇用制に基づく「良い大学を出て良い会社に入れば一生大丈夫」という従来観念は既に日本では崩壊したと思います。今は良い大学や会社に入ったからといって将来が約束されるこ

とはありません。先生や親の言うことを聞いて自分の進路を決めた人は、万が一うまくいかない場合はアドバイスした人を責める結果になると思います。それよりも**自分がやりたいことは何かを見つける**ことのほうが大事です。私は 2005 年にスタンフォード大学の卒業式でアップル創始者のスティーブ・ジョブス氏が行なったスピーチが大好きです。

参考 URL：https://www.youtube.com/watch?v=VyzqHFdzBKg

ジョブス氏が伝えたかったこと（江まとめ）

1.「自分が出戻り学生の頃は、自分で何をしたいのか、最初はわからなかった。自分の興味と直感に従って学んだ書式（Calligraphy）が 10 年後にマッキントッシュのパソコンを作る時に役立った」将来役にたつかどうかはその時点ではわからないが、自分の興味と直感に従えば良い。

2.「人は愛するもの（人や仕事）を見つけなければならない。たとえその時に見つからなくとも、立ち止まらず、探し続けなければならない」

3.「人間には寿命がある。もし今日が人生最期の日だとしたら、今日、自分が今からしようとすることを本当にしたいと思うだろうかと問いかけてほしい。そうすれば、自分にとって何が大事かわかるはず。決して他人のために生きることはしないでほしい」

4. 卒業生に向けた有名な「Stay Hungry, Stay Foolish」と

いう言葉があります。「卒業生は今のハングリー精神を忘れず（社会に出ても、自分の信じる道をたとえ他人がなんと言おうと）、ばかみたいに信じて突き進めば良い」という意味だと私は解釈しています。

何度、聴いても心打たれる素晴らしいスピーチです。ジョブス氏の若い頃のように、自分は何が好きなのか、自分は何をしたいのかわからないという人が多くいます。このような人は他人がどう思うかが判断基準なのです。また優しい性格の人が多いと思います。しかしながら、社会に出て自分の意見がないと困難な状況に追い込まれることがあります。このような人はジョブス氏が言うように、「自分の興味と直感に従い」、「自分の好きなものや人を見つけ」、「人生最期の日でも、これをやりたいか考えて」今を精一杯生きることを目指してはどうかと思います。

4 理系の「文系就職」とは

理系出身者にもかかわらず、文系の仕事に就くことを「**文系就職**」と呼ぶそうです。（参照文献：植島幹九郎著『最新理系就職ナビ』2018年12月講談社）

まさに私が実践してきたことです。逆に文系の学生が理系の仕事につく「理系就職」も含めてこういう人達を「**理系・文系ハイブリッド型人**

材」だと私は考えます。理系の学習を実験設備のない自宅や職場で行なうことはけっこう難しいため、「理系就職」はかなり困難な道筋だと思います。しかしながら「理系就職」もＡＩ時代には必ず注目されるはずです。

　さて「文系就職」の可能性ですが、「最新理系就職ナビ」によると複数の職業の候補があげられています。その内の一部は下記の通りです。

理系の「文系就職の例」（江まとめ）

① 金融業界：**アクチュアリー**（注４）、トレーダーなどの専門職
② 商社：精密機器、化学製品、医薬品などを扱う営業職
③ 流通：データアナリストなどの専門職
④ マスコミ：情報専門誌のテクニカルライター
⑤ 公務員：一般職・総合職
⑥ コンサルティングファーム：戦略コンサルタント
⑦ 起業：ＡＩ（人工知能）や **FinTech**（注５）関連での起業

（注４）：保険業において、ビジネス上のリスクを計算して評価をする専門職。
（注５）：Finance（金融）と Technology（技術）を組み合わせた造語。ＩＴを駆使した先進的な金融サービスのことを指す。

　私の大学生時代にも私を含め、少数の「文系就職」者がいました。当時、理系出身者は理系の仕事に就くのが普通でしたか

ら、私も周囲から「何で、すき好んで営業なんかを志望したの？」などとよく聞かれたものでした。私としては「理系の仕事より、英語の使える国際営業を希望したら国内営業に配属になっちゃった」と答えていました。井深さんの話に感激して、文系就職にチャレンジしようと思ったからと告白する勇気は当時の私にはありませんでした。

　文系就職にチャレンジした私の成果ですが、グループ会社の社長や役員を経験させてもらえたことを考えると、成功だったのではと思います。理系出身者だったことが、どれだけ有利に働いたかは、自分自身ではわからないとしか言えません。しかしながら営業として社内や顧客にかわいがられたのは事実です。営業を職業として選択した私にとって、社内や顧客から良い評価をもらえて出世できたことは、自分として満足のいくものでした。

　私は自分が成功したからと言って、理系学生に無理に文系就職をすすめるつもりはありません。これからは専門分野を持っていたとしても、幅広い見方を求められる時代になっていくと私は考えています。**幅広い見方をするためには、理系と文系の間の壁を作ってはいけない**と思います。「私は○○の専門家だから、○○以外のことはわかりません」ではすまされない時代になってきているのです。理系と文系の垣根を乗り越えて、何にでも興味をもち具体的な行動に移すためには、まずは「理系・文系ハイブリッド型人間」を目指すと良いのではないでしょうか。

第3章　理系と文系の出世実績データ　53

5　理系と文系の年収比較

　理系と文系の年収を比較した面白いデータが見つかりました。2012年に所得のある就業者1,632人（平均年齢41歳）に対して行なわれた神戸大学西村和雄教授の調査です。この調査によると、「文系出身者の平均年収が583万円であったのに対して、理系出身者の平均年収は681万円でした」。理系のほうが高給な理由は、その処遇制度にあるようです。理系出身者がたとえ役員以上に出世しなくとも、専門職として高給をもらえる制度をもつ会社が多数存在するからです。この事情を反映して、理系のほうが文系より高給になっているのではないでしょうか?

　またallaboutによる下記のような事務関係職種（文系）と技術関係職種（理系）を比較したデータがあります。これによると初任給では技術関係職種（理系）が勝っているのに、課長クラスまで行くと事務関係職種（文型）のほうが給与が高いという結果になっています。

	事務関係職種		技術関係職種	
	平均年齢	2014年4月の給与	平均年齢	2014年4月の給与
部長	52.0歳	74万9326円	52.1歳	67万1279円
課長	47.6歳	60万1444円	47.9歳	56万0714円
係長	43.9歳	40万0218円	44.1歳	42万4016円
大卒初任給		19万4848円		19万9241円

最初は技術職が高い　このあたりで逆転
職種別民間給与実態調査の概要　2014年8月　人事院

出展：allabout マネー「理系 vs 文系 本当に得なのはどっち？」
https://allabout.co.jp/gm/gc/12781/

　上記2種類の調査結果から、「文系は課長、理系は課長相当の専門職に昇格すると給料は上がるが、昇格しない場合にはあまり差が出ない」と言えるのではと思います。

　以上、理系と文系はどちらが出世しやすいかを見てきましたが、**結論はあまり差がない**ということです。

Column 3. 理系と実験

　大学理系の必須科目として実験がある（建築学科ではデザインや製作がある）。この実験の有無が理系と文系の違いと言える。僕の場合は水曜日の午前中が実験だった。回路を作って温度などを変えながらひたすらデータを取り、皆で役割分担をしてレポートにまとめる実験が多かった。実験の授業に出席しないことには単位が取れない（＝卒業できない）ので、学生全員が実験には熱心だった。どんな理由があろうとも、実験の日だけは全力で登校した記憶が僕にもある。その後の社会人生活を考えると、何が何でも出席しないといけない行事があるのは決して悪いことではなかったと思う。社会に出ると本人の意思とは別に、強制される行事というのは多数あって、大学時代に慣れることは無駄ではなかったと思えるからだ。

　先日、あの林修先生が高学歴学生達と対談するＴＶ番組をみた。大学生のひとりが「日本にいると、あれやこれや強制されることが多く不愉快だ」という発言をした。林先生は少しむっとして「誰もあなたに日本にいてくれと頼んでいない。そんなに日本が嫌いなら外国に出ていけば良い」と突き放していた。僕はこの林先生の考え方に賛成であり、日本人としての義務を忘れて、自分の権利ばかり主張する人には付き合いきれないと感じる。

　自由気ままに過ごしたいという大学生の希望はわかるが、大学は大勢の人が集まるところなので一定のルールに従うことを強制されることもあると思う。もし、それが気に入らないのな

ら、それこそ林先生が言うように出ていけば良いと思う。**実験の授業は、「たとえ自分が嫌でも、団体として参加しないといけない場面がある」という社会の仕組みを知るために有効**だと思う。実験で育った理系の学生や上下に厳しい体育会系の学生は、そういう社会ルールをわきまえているから企業の採用担当者に人気があるのだと思う。

第4章

私の実体験：理系だから文系だからは 単なる言い訳にすぎない！

1 就職

今でもよく覚えているのが早稲田大学での情景です。電気工学科の大きな掲示板に企業からの求人票が張り出され、成績順に取っていきました。当時の人気企業は、ソニー、ＩＢＭ、国鉄などでした。私が引く順番になった時には人気の求人票はあらかたなくなってしまっていましたが、ふと気が付くと 10 枚以上残されていたかたまりが２つあり、一つはＨ製作所、もうひとつはＴ芝でした。Ｈ製作所を選んだのにはあまり深い理由はなく、何となく手にしたという感じでした。もし私が**経営的に厳しいことになったＴ芝**（注1）を選択していたら、その後の人生は大変だったかもしれないとも思います。お堅い企業が好きな両親は私のＨ製作所への入社を大変喜んでくれたことを良く覚えています。

（注1）：Ｈ製作所とＴ芝は何で差がついたのだろう。Ｈ製作所も製造業最大の赤字を計上し大変だった時期もあった。実はこの大赤字の際に、Ｈ製作所は将来に悪影響を与えそうなものは全部始末してしまったのだ。つまりこれ以上悪くはならない業績数値が作れたのがＨ製作所、逆に作れなかったのがＴ芝。そのような差があったというのが私の見方である。さらに言うと、財務的に余裕があった会社と、なかった会社。悪いことは先に言うことが許される文化があった会社と、なかった会社。そんなところで差が出たと思う。

2 新入社員

私は 1978 年にＨ製作所に入社しました。以下は**実際に私が**

経験した内容を元に書きました。私の記憶違いもあるかもしれませんので、その点はあらかじめご了承をお願いします。1978年は**第1次オイルショック**（注2）の影響が薄れてきて、ようやく就職率も戻り始めた時期でした。H製作所の1978年の新入社員は約640名でした。その前の2年間には採用活動を行なわなかったことを考えると、1978年の640名の新入社員は大量採用でした。新人の内訳は下記の通りでした。

（注2）：オイルショックとは、原油の供給逼迫による価格高騰が引き起こした世界的経済混乱のこと。日本の第1次と第2次オイルショックは、それぞれ1973年と1979年におきた。

1978年H製作所新人学部内訳
① 電気・電子：約280名
② 機械　　　：約100名
③ その他理系：約140名
④ 文系　　　：約120名
　 合計　　　：約640名

　理系対文系の比率は約80％対20％でした。新人の配属先をみるとコンピュータ、半導体、原子力が多く、この3事業を最重要として会社が考えていることは明白でした。私はコンピュータ営業所に配属になり、以来、地方銀行のIT化に深くかかわることになります。

3　コンピュータ営業

　私の入社当時はコンピュータがブレークする寸前で、H製作

第4章　私の実体験：理系だから文系だからは単なる言い訳にすぎない！　61

所としても理系出身の営業を求めていたようです。私のような理系出身の人材は適任だったと後になって先輩に聞かされました。実際にコンピュータ営業に配属になった8名中、理系出身が5名もいました。コンピュータは技術的に難しいので、文系出身者では将来厳しくなるのではという判断があったようです。

　実際にどうだったかと振り返ってみると、**理系と文系の差異はなかった**ように思えます。というのは、コンピュータビジネスの世界では、業務の話は客が一番良く知っている。技術の話はエンジニアが一番詳しい。営業は会社を代表して商談をまとめる役割がある。このように役割分担をしながら仕事を進めていたからです。そして会社を代表するという営業の役割上、理系出身の利点も不利益な点もなかったと思います。

　企業は、いくら良い製品・サービスがあっても、実際に売上にならないと立ち行きません。したがって売上を作れる営業は、企業にとって最も重要な機能になります。まさに営業なくして事業なしです。また顧客意見を反映する営業は社内での発言権も強くなり得ます。そういう観点から理系、文系にかかわらず、会社に入り営業職につくこと自体に、意義があると思います。

　約40年前にH製作所に入社し、コンピュータ営業という職業につけた私は幸せでした。コンピュータという花形製品を扱うことができ、売上、利益も常に右肩上がりの職場にいることができたからです。そのおかげで精神的にも経済的にも随分と恵まれたと私は思います。

　当時のH製作所のコンピュータ事業は大型コンピュータの開発を始めたばかりの時期でした。コンピュータの花形企業だったIBMの後を追いかけ、何とか追いつきたいという熱気が職場にあふれていました。営業へ配属となった私は茨城県の地方

銀行の担当として、超多忙な日々を過ごしました。残業が150時間を超える月もありました。今で言うブラックな職場環境だったと思います。毎日へとへとになりながら働き続けたというのが正直な思い出です。この頃の私にとって長時間働くこと自体はそれほど苦痛ではありませんでしたが、同じ事務処理の繰り返しには相当うんざりしました。私は入社したばかりの若者で、それこそ下積み時代でしたので、退屈な事務処理を繰り返し行なわなければなりませんでした。今考えるとこの時代にＡＩがあって事務処理を代行してくれていたら助かったのにと思います。

　一方で営業という仕事は自分の想像以上に面白いものでした。私が担当となったＪ銀行は茨城県地元の優良銀行であり、行員にも立派な人物が多かったと記憶しています。私がとりわけ可愛がっていただいたのは、システム部の課長さんでした。私のサラリーマンとしての常識は、ほとんどこの課長さんから教わったと言っても過言ではありません。ビジネス上のマナーに関して厳しくも温かく指導していただいたことに心より感謝しています。営業をしていると、このような思い出深い人々との出会いが多く、これこそ営業冥利に尽きる経験だと思います。その後の会社人生の中でも、何度も同じ有難い経験を味わうことができた私は幸せだったと思います。

4　計算は得意ですか？

　理系で学んだことが会社で役立ったかと聞かれると、しいて言うとコンピュータを勉強したことでしょうか。学生時代に簡単なプログラムを組んだことがあるという話をすると、お客様

にも評価いただいたと思います。しかしながら営業現場ではコンピュータの勉強より、計算が得意かどうかのほうが重要だったと思います。当時のコンピュータは部品数が多かったので、全部を足さないと値段が決まらない。この値段計算の時に計算速度が人より速かったりすると、顧客や社内の評判がたちまち良くなったと記憶しています。

　当時、計算が速くて間違えないことは、ビジネスマンにとっての大きな利点でした。既に電卓が普及していたため、「計算が速くて間違えない」＝「電卓を速くたたけるうえに、たたき間違えない」でした。現在は Excel に入力するだけなので、計算を間違えることはないと思うかもしれません。しかしながら入力する数値や単位を間違えることは、あり得ます。したがって計算結果をうのみにせず、数値を見てこれは変ではないか？とか、桁が間違っていないか？などと疑って確認してみる数値感覚は、ビジネス上とても大事です。

　中学や高校時代に数学が苦手だからという理由で、大学は文系志望という人が多いと思います。数学が苦手になった理由のひとつが計算嫌いだと思います。ところが、会社に入ると文系だから計算が苦手ですとは単なる言い訳に過ぎず、到底通用しません。また会社には文系出身者向けのメジャーな職場として経理部門があります。文系出身者が数学や計算から逃げても、会社では数字は必ずついて回ります。逆に計算が得意な人にとっては、**どんな部署でも数値感覚の優劣がその人の評価に直結**しますので、大変有利です。さらに数値感覚に優れる人間は、**経営者としての大事な資質**をもっているとさえ言えます。

5　ここまで数学ができないと……

　2019年2月9日の週刊ダイヤモンド誌に「文系でも怖くないビジネス数学（注3）」の特集記事がありました。作家の佐藤優氏と桜美林大学の芳沢光雄教授との対談が中心です。特集記事には驚くべき事例が報告されています。

（注3）：ビジネス数学とは、ビジネスに必要な、①論理的に組み立てる力②数値で把握して説明できる能力③実際の問題解決のために計算する能力を学ぶための数学のこと。

数学ができない学生の驚くべき事例（江まとめ）

① 1999年に発行された「分数ができない大学生」によると「2分の1足す3分の1は？」の答えを「5分の2」と答える大学生が全体の約17％に達していた。（正解は6分の5）
② 2億円は50億円の何％か？に答えられない大学生が20％以上いる。（正解は4％）
③ 経済成長が1年目20％、2年目30％成長した時の成長率を2年間で見ると50％と回答する学生が多い。（正解は1.2 × 1.3 = 1.56なので56％）

　はっきりとは書いてありませんが、理系の学生も含めた間違い事例のようです。私の親しい産業技術大学院大学の瀬戸洋一教授にも、理系学生について同様のお話を伺ったことがあります。瀬戸教授によると「理系にもかかわらず、数学の基礎が成り立っていない学生があちこちの大学にいる。数学がわからな

第4章　私の実体験：理系だから文系だからは単なる言い訳にすぎない！　65

い理由は国語がわからないからだ。国語がわからないから、教科書の意味もわからないし、問題文も読めない」とのことでした。**数学力と国語（読解力）の向上は、日本として必ず対応策を打たなければならないポイント**だと私は考えます。

6　数学ができない学生達とマークシート式試験に共通する問題点

　それにしても、数学の基礎を理解していない生徒がどうやって大学の理系学部の入試に合格できたのでしょうか。私には思いあたることがひとつあります。それはマークシート式の試験方式と関係があるのではないかというものです。つまり、数学の基礎を理解していなくとも、「暗記による類推」もしくは「受験テクニックによる正解導き」で、ある程度の正解が取れるのではないかと思うからです。

　暗記による類推とは、算数でやった「**流水算**」（注3）のように方程式を立てなくとも答えを出せる方法です。また「受験テクニックによる正解導き」とは、4つとか5つある回答例を比較して、引掛かりやすい回答を外した後に設問側の数値や文章から答えを類推する方法です。いずれも正解率はそれほど高いとは言えませんが、鉛筆を転がして決めるよりは優位だと思います。マークシート式の試験方式には、まったく理解していない生徒を間違って合格させる懸念があると考えます。マークシート式の試験のある種、弊害の一面だと思います。また「問題を読む前に設問を読んで、該当部分だけを素早く読む」＝「全体を理解しなくとも大丈夫」という**受験のためだけのテクニック**（注4）を広めることにもつながっていると思います。

(注3):流水算(りゅうすいざん)とは、川の中を舟が航行する時に、上りは川の流れの速度分が遅くなり、下りは川の流れの速度分が速くなることを利用して計算する方法。

(注4):例えば、TOEIC試験でも設問を先に読みなさいというテクニックを推奨する参考書がある。これに普段から慣れてしまうと、文章を頭からじっくりと読めなくなる。ネットの記事もすばやくスクロールするので、同様の弊害が起きているのではないかと思う。

　さらにもう一歩踏み込むと、このように受験問題をマークシート式で採点する時には、受験生が人であろうが、AI(人工知能)であろうが、採点側からすれば何ら変わりはありません。そしてAIが設問内容をまったく理解しないままで、膨大なシミュレーションにより回答した場合、人間が受験テクニックで素早く回答するのと少しも変わりはありません。AIが一定以上レベルの大学に合格できるようになった事実を考えると、受験テクニックを駆使する受験生も一定レベルの大学に合格できる可能性があるのではと想像します。そして**両方とも本質を理解してないという点では共通する問題**だと言えます。AIについては、本当に人間の仕事を奪うのだろうかという観点も含め後ほど述べます。

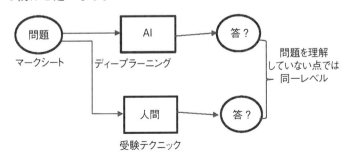

第4章　私の実体験:理系だから文系だからは単なる言い訳にすぎない!

7　営業の社内的な地位と社内マネジメントシステム

　一般的に外資系企業には営業の社内的な地位が高い会社が多いのですが、日本企業には営業の社内的地位が低い会社があります。したがって新入社員が営業職を希望する際には要注意です。日本の製造業では物作りをする職種の人達の立場が強く、営業がないがしろにされることがあります。私の入社した頃のＨ製作所では「良いものさえ作れば売れるのだ」という意識が強く、営業部隊より物を作る製造現場（＝工場）の地位が相対的に高かったように思います。マーケティングの重要性が社内にも知られるようになり、顧客意見をまとめる営業が社内をリードできるようになり社内的な地位が上昇してきたのは、Ｈ製作所の場合でもこの10年以内のような気がします。

　精神論で「何が何でも売るのだ」的な前近代的な営業スタイルは、よほどブラックな企業でない限り今はとっていないと思います。今はもっとスマートな営業が普通になっているはずです。

　例えば、「既存顧客と新規顧客の割合は戦略的に決められていて、営業が狙う市場は明確になっている。会社の経営計画に基づいた売上と利益を達成するために営業は何をすべきかわかっている。重要な顧客折衝録はＣＲＭ（Customer Relation Management）システムに入力され、経営幹部と情報共有を図る。営業が日々の成果をシステムに入力したものが毎週や毎月の実績となる。さらに今後の売上見込みから予想する業績見通しが、会社経営にとっての最重要データとして有効活用されている」といった具合に、システム化されてマネジメントされて

いる営業活動を行なっていると思います。

　上記のような社内システムを完璧に完成している企業では、会社にとっての最重要データをまとめる営業は花形となり、社内をリードできるでしょう。一方、従来型の原価積み上げ方式により、これだけの売価で営業は売ってきてほしいという社内マネジメントスタイルをいまだにとっている企業においては、営業の社内的な地位は低いと思います。

　現在は、就職先の大学の先輩から話を聞く機会や、インターンシップで実際に仕事を経験する機会が増えています。もし学生が営業職を希望する場合は、**社内における営業の役割と地位はどうなのか**ズバリ聞いてみるのが良いと思います。

第4章　私の実体験：理系だから文系だからは単なる言い訳にすぎない!　69

Column 4．理系と英語

　さて早稲田大学に入学した僕は早速、理工学部ＥＳＳ（Waseda Riko English Speaking Society）に入部した。早稲田には、ＷＥＳＳとＷＥＳＡ（Waseda English Speaking まで同じで Society と Association が違う）という２つの有名なＥＳＳクラブがある。いずれも本学（理工学部の学生は、文系が集まる大隈講堂を中心とした学校を本学と呼んでいた）が本拠地だった。理工学部の学生たちが作ったのがＷＲＥＳＳだった。

　そもそも受験科目として英語が必須だったはずだが、当時は理系の学生で英語を学びたいという人は少なかった。ＷＲＥＳＳの部室に行くと先輩達が陣取っていて、新人の僕は小さくなりながらも、酒・たばこ・マージャン・女性の口説き方などを教わった。大人になる段階で先輩に悪いことを教わるという点では、文系だろうが理系だろうがあまり変わりはないと思う。

　当時のＷＲＥＳＳは、本学のＷＥＳＳ、ＷＥＳＡに比べて人数も10分の１くらいしかいない弱小クラブだった。主な活動はスピーチとドラマ（英語劇）が中心で、どちらかと言うと女子大生との合同コンパ（飲み会）、合ハイ（合同ハイキング）を楽しみにしていた。

　ある先輩が本学のＷＥＳＡに武者修行にいって学んできた後に、ＷＲＥＳＳに戻ってきて、その後の活動の中心に据えたのがディベートだった。それからディベートはＷＲＥＳＳの中心的活動内容として、クラブ活動を引っ張る存在になった。ついには日本の大会で優勝するようなディベート名人を輩出するこ

とになる。ディベートについては、このあとでも書いてみた（第7章3＝98頁、Column 6 ＝ 100頁）。

　有難いことに、我がWRESSではOB・OGと現役の交流会を定期的に開いてくれる。若い部員たちの話を聞いてみると、将来の就職や留学のために英語を学ぶのは当たり前だと考えているようだ。もちろん理系だから文系だからという区別やこだわりは全く感じられない。部員数も数十人在籍し、皆仲良く元気そうに過ごしている様子はうらやましいくらいだ。卒業生の就職先を伺うと英語を活かして外資系企業に勤めている人も多かった。**学校のクラブ活動で学んだことを仕事に活かしている良い例**だと思う。

第 5 章

企業側の実際の声

1　企業が学生に望むもの

　実際に企業が学生に望むものは何でしょうか？　2018年4月17日に経団連が「高等教育に関するアンケート結果」を発表しています。経団連は学生に求める資質、能力、知識をそれぞれ、理系学生と文系学生に分けて企業にアンケート調査を行ないました。その結果わかったことは、企業は理系と文系のそれぞれの学生に対して全く同じ4つの能力を求めていることです（下記太字部分を参照願います）。

経団連「高等教育に関するアンケート結果上位5位まで」(江編集)

理系学生に求めるもの　　　　　文系学生に求めるもの
①「**主体性**」　　　　　　　　①「**主体性**」
②「**実行力**」　　　　　　　　②「**実行力**」
③「**課題設定・解決能力**」　　③「**課題設定・解決能力**」
④「創造力」　　　　　　　　　④「**チームワーク、協調性**」
⑤「**チームワーク、協調性**」　⑤「社会性」

　次に、どうすれば「主体性」「実行力」「課題設定・解決能力」「チームワーク、協調性」が身につくのかを考えてみます。このような能力は一朝一夕では身につきません。そこで私が参考にしている本を紹介します。スティーブン・R・コヴィー博士が書いた『7つの習慣　人格主義の回復』(キングベアー出版)という本です。筆者のコヴィー博士は200年にわたる成功者の研究をしていて、**成功者には共通する人格がある**という気づき

から本書を執筆したそうです。この「7つの習慣」は単なるノウハウ本ではなく、人生の本当に大事なことを教えてくれる良書です。本書を読むと主体性、実行することの大事さ、問題を協力してどう解決するか、などがわかってくると思います。

「7つの習慣」（江まとめ）

1．主体的であること（人のせいにせず、自らが行動する）。
2．終わりを思い描くことから始める（自分が死んだときに何を人に言ってほしいかを思い描けば、自分にとって本当に大事なものがわかる）。
3．自分にとって大事なことに時間を使う（優先順位をつける）。
4．対人関係やビジネス交渉では常に Win-Win を目指す。
5．まず相手の言い分を傾聴する。
6．相手とシナジー（相互メリット）を作り出す。
7．決断し、実行し、さらに上昇していくことを目指す。

企業が求める4つの能力を身につけるためには、尊敬できる先輩のまねをするとか、仲間と意識的に何かに取り組むとか、工夫次第でいくらでもチャレンジできると思います。企業が求める4つの能力を身につけるために最も大事なことは、**「本気」**になるということです。前章でスティーブ・ジョ

ブス氏のスピーチの紹介をしましたが、その中に「今日もし自分が死ぬとしたら、今からやろうとしていることは本当にやり

第5章　企業側の実際の声　75

たいことだろうか」という一文があります。「7つの習慣」の
2つ目も「終わりを考えるところから始める」です。

この2つは同じことを言っています。つまり**死を意識するこ
とにより、自分が本当にしたいことがわかる**ということです。
自分の大切なものがわかれば、人間は「本気」になって、自ら
が（主体性を持って）、周りを巻き込み（協調性を持って）、自
分のやりたいことを実行する（実行力）、もし問題があれば、
その解決にも力を入れる（問題設定と解決）はずです。そう考
えると、最初の「本気」になるきっかけとして、皆さんも自分
の死を想像し、自分が一番大切にしているもの、自分が本当に
したいことを見つけるところから始めてはいかがでしょうか？

2　人事担当者の実際の声

私がかつてお世話になったHグループの会社で、実際の人事
担当者（採用）の声を聞いてみました。

「人事担当者の実際の声」と江解説

①「理系の優秀な学生は集まりにくい。したがって学校推薦
　　の枠は大事にしており、毎年この研究室からは卒業生を取
　　るということをルールにしている」
　　→　**理系の学校推薦の実態**がよくわかります。
②「社内にいる卒業生（リクルータ）が入社させた新人は有
　　能かつ離職率が低い」
　　→　**先輩とのつながりは大事**です。
③「最近の大学生は、そつなく何でもこなすが、自らが会社

に入ってこんなことを実現したいと具体的に話す人間が
減った」

→　**主体性に欠ける事例**です。

④「当社を志望した理由について表面的には立派なことを言
うが、本音のところは**寄らば大樹の陰**（注1）という消極
的な理由がありそうだ」

→　隠しても**本音はしっかり見られています。**

⑤「入社してからの仕事は専門性が高いので、文系と理系の
区別は大事。ただし本人のやる気があるのであれば、自分
の専門分野と違う職種にチャレンジするのはありだと思
う」

→　理系、文系の違いより、**本人のやる気やチャレンジ精
神を評価**するほうへ考え方が変わってきている実例で
す。

（注1）：同じ身を寄せるなら大木のほうが安全という意味から、同じ
就職するなら大企業か公務員という意味に使われている。チャレンジ
をしたがらない人材として採用担当者からは好まれないことが多い。

3　人事部長の実際の声

　知り合いの人事部長にも本音を伺いました。本人は個人的見
解が混じっていると断りながらも下記のような話をしてくれま
した。

「某社人事部長の実際の声」と江解説

① 「2021 年度より早稲田大学政経学部の入学試験に数学が必須となったと聞いている。まさに文系の就職先にも確率・統計などの実践で使える数学が必要になってきたことを象徴することだと思う」

　→　**文系の職業にも数学が必要です。**

② 「成績だけ良くとも協調性のない人間は会社では使い物にならない」

　→　**協調性**というキーワードは経団連のアンケートでも文系の４位と理系の５位に入っています。

③ 「企業側も、新人で営業職に就いたら一生営業ではなく違う職種を経験させることが大事。そうしないと営業系、開発系、財務系、人事系、などの職群ごとの結束集団が縦軸にでき上がり、社内に壁を作り、他部署の言うことを聞かなくなるなどの弊害になりがち」

　→　相当、ご苦労をされたようです。

④ 「日本では、『転石苔生さず（てんせきこけむさず）』と言い一カ所に落ち着かない人は成功しないと言う。一方、米国では『A rolling stone has no moss』と言い、職業をころころと変える人はコケも生えず光輝いていると褒めたたえられる。日本もいずれ米国のように転籍を繰り返しながら、高給取りに成り上がっていくような社会構造になるだろう」

　→　**日本も人材の流動化が進み、転職が当たり前**になると考えているようです。

さすがに人事担当として20年以上のキャリアをもつ人物なので、発言に重みと含蓄があります。それは各発言の裏には、過去の経験に基づく多数の成功事例や失敗事例があるからだと想像します。特に成功事例よりも失敗事例は記憶に残ります。二度とこんなことをしてはいけないという教訓として失敗は刻み込まれることが多いからだと思います。

　某部長の場合のわかりやすい例が上記③です。「職群ごとの結束集団が、社内に壁を作り弊害になりがち」という意見には、人事担当としての苦悩が垣間見えます。いわゆる社内職能派閥が引き起こす弊害を危惧する心境であると私は想像するからです。

4　人事という仕事とは？

　人事部門は会社の本社組織の中でも最も重要な組織のひとつであると私は考えます。社員や経営幹部が生きがいをもって働ける環境を整える役割を、人事部門が担っているからです。理想的な職場にするためには、社員に対して厳しいことを言わないといけない場面もあります。逆に社長の判断が間違っているのであれば、差し違えも覚悟で間違いを正さなければいけません。経営が厳しくなればリストラも必要かもしれません。だいたいは経営幹部と現場との板ばさみになって苦しむことが人事部門の人間には多いと思います。そんな逃げたくなるような場面でも、人事に関して会社を仕切るのが人事部門の役割です。そして私はそんなことができる彼らをとても尊敬します。

　今後は人事として大変な場面で、ＡＩが人事担当者を救って

くれるかもしれません。これから書くことは**怖いシミュレー**
ション（注2）です。たとえばＡＩを使って一人ひとりの勤務
データ、業績データ、家族データなどのビッグデータから、リ
ストラ候補者を選出するという使い方ができます。このリスト
ラ候補者の選定という作業は人事にとって、もっとも辛い仕事
です。この辛くて大変な仕事がＡＩによって楽になり、しかも
公平性も保たれていれば、人事担当者の負担はかなり減るので
はないでしょうか。逆に昇格者を選出する場面でも、上司の好
き嫌いではなくＡＩで公平性を保つという使い方もできます。
このように感情を交えず淡々とデータを基に順位付けをすると
いう AI の仕事のやり方は、一見冷淡かもしれませんが、人事
の一番大変な部分を代行できる点で実用的だと思います。そし
てＡＩが人事で使われる場面では、データの取り扱いに長けた
理系の出番だと思います。

（注2）：実際に人事にＡＩを使う上では個人データの取り扱いの是非
を含めて慎重な検討が必要です。

第 6 章

「理系・文系ハイブリッド型人間」のメリット

1 目指すべき類型

　理系・文系ハイブリッド型人間として**目指すべき２つの類型**
（注１）を考えてみましょう。知識の幅が狭いか広いか、専門性
が浅いか深いかで下記のような４象限のマトリクスができます。
（注１）：文化や人類や生物などを分類する時に似ている型のことを類
型と呼ぶ。

知識の幅と専門性の深さのマトリクス

専門性	知識の幅	
	狭い	広い
浅い	① 無知	③ユーティリティー型
深い	②専門家（専門バカ）	**④知識人**

　知識の幅が狭く専門性も浅い場合は、会社では残念ながら①
の「**無知**」と評価されます。思い当たる人は知識の幅を広げる
べく、本を読むとか大学や高校のＴＶ講座やネット授業をうけ
るとか猛烈に勉強すべきと考えます。なぜなら会社ではその人
の能力に対して給与が支払われますから、いったん社内で「無
知」と判断されると、その後給与面での困難が予想されるから
です。

　②の「**専門家**」も要注意です。一歩間違えると専門バカに
なってしまうからです。最近では学問や企業での研究や開発で
も専門分野が細分化されており、少し範囲を外れるとまったく
違うものとして扱われます。自分の専門以外のことには興味を
示さないという頑なな態度を取り続けると会社では「**専門バ**

82

力」と呼ばれます。こうならないためにも、自分の専門以外を
できるだけ理系・文系ハイブリッドな形で学習すると良いと思
います。

　③の「ユーティリティー型」は私がお勧めする類型です。野
球で何番を打っても、どこを守っても十分に役目を果たせる選
手がユーティリティープレイヤーと呼ばれて重宝されるのはご
存知のとおりです。ビジネスでも「ユーティリティー型」は便
利な人材として大事にされることが多いと思います。人事で穴
が空いた時に「おまえなら何でもできるだろう」と上司に頼ま
れて職種をどんどん変える人がいます。その人がいつの間にか
キャリアを積んで出世する場面を私は数多く見てきました。ど
ちらかと言うと経営者には「ユーティリティー人間」が多いよ
うな気がします。このような経営を担う人材には深い専門的知
識ノウハウよりも、**会社全体を俯瞰できる能力**が必要だと思い
ます。ユーティリティー型を目指すには理系だろうが文系だろ
うが、**貪欲に知識を吸収し自分に活かす努力**が求められます。
また**自分の専門以外の科目を積極的に学ぶ**ことをお勧めします。
大学の1年から2年生までは教養学科としてハイブリッドな科
目を勉強するチャンスがあるので、これを逃す手はないと思い
ます。社会人になってもその気になれば、いくらでも勉強の機
会はあると思います。

　上記④の「**知識人**」はもっとも私のお勧めする類型です。専
門性も深く他のこともよく知っているので、いわば万能タイプ
と言えるでしょう。しかしながらコラムにも書きました（88頁
参照）が、専門家になるには約10年間もかかるので決して容

第6章　「理系・文系ハイブリッド型人間」のメリット　83

易な道ではありません。この「知識人」が今の日本を支える人材にもなったと私は思うので、企業でも大事にしないといけません。「知識人」になるためには②の「専門家」が幅広く自分の専門以外のことを勉強するのが早道だと思います。一時期、「T字型人材」と称して、「専門性が深いことを表す縦線に知識の幅が広いことを表す横線と組み合わせたT字型こそが目指すべき人材像」と賞賛された時期がありました。私も同じことを述べています。

2　教養ある人間

　ハイブリッド型人間になり、上記②の「ユーティリティー型」か④の「知識人」になることができれば、社会にとっても個人にとっても有意義なのは明らかだと思います。特に④の「知識人」とは教養のある人と読み替えても良いと思います。そしてこの教養があるということは個人にとっても役立つと思います。自分の専門以外のことを良く知っていることは、その人の人生に豊かな彩を添えます。たとえば旅行をしても歴史に詳しいと、地理や建物から過去を思い巡らすことが可能ですから、楽しみの広がり方が違うでしょう。映画を見ていても理解度も違うと思います。

　灘高校の伝説の国語授業のところにも書きましたが、真に深い教養を身につければ受験も簡単になるはずです。また会社で出世するには競争を勝ち抜くという側面もありますが、私は**深い教養がある人が最終的には出世している**ように思えてなりません。結局、最後は教養＝人間性と言ってもいいと思います。急がば回れと言いますが、受験に勝ち、会社での出世競争に勝

つには深い教養を身につけることが大事だと思います。もっと言うと良い大学に入学するのも、出世するのも手段であって目的ではないはずです。どちらも**自己実現**（注2）をして深い達成感や満足感を得るためのひとつの手段であることを忘れてはなりません。

そう考えると自分は理系だからとか文系だからとかいう理由は全く関係なく、自分の興味のあること好きなことを勉強するのが一番楽しく自己実現に効果的なのではないでしょうか。その経過で深い教養がつけば自然と難関校への入学や会社での出世が後からついてくる。このように考えてはいかがでしょうか？

（注2）米国心理学者マズローによると人間の要求には5段階あり、自己実現要求は自分の能力を最大限に活かして自分のなりたいものになる、という最上位の要求だと位置づけられた。

3 ビジネスにおける「理系・文系ハイブリッド型人間」のメリット

会社では必ずしも全員が自分の味方ではなく、むしろ反対者にゆく手を阻まれることがあります。たとえば、営業の現場では顧客の依頼事項は難題だとしても社内に展開することがあります。こんな時に反対者として立ち上がるのが社内の経理部隊です。彼らは「顧客要望は赤字になるから却下！」とか平気で切り捨てます。そんな場面になるとお互いに一歩も引けない面子をかけた争いごとになります。

深刻な社内対立から逃れて生活するコツが、「**ビジネスでは相手の立場になって考える**」というものです。かつては私も相

第6章 「理系・文系ハイブリッド型人間」のメリット　85

営業：これは顧客の依頼だ！　　経理：原価が高いから却下！

手の意見を徹底的に批判して理屈で勝とうとしていました。ある時に先輩から「君は相手の立場になっても、その主張ができる？　もしできるのであれば、正々堂々と主張すれば良い。でも、ちょっと待ってと思うのであれば、一歩下がって相手の言い分を聞いてみたほうがいい」というアドバイスをいただきました。

　アドバイスいただいた先輩は私が尊敬する人物ですが、すごく議論好きな人で周りがハラハラするほど議論を激しくしていました。しかし激しい議論が一巡すると、対立していたはずの人たちもニコニコしだして打ち解ける。そんなマジックのような場面を何度も見たことがあります。その先輩は相手の立場を心から尊重している。そのことに皆気づいていたので最後は、ほっとする結論にたどり着けたのだと思います。また役職や年齢にこだわらず意見を聞く人だったので、若い人や女性に人気がありました。

　相手の立場に立って考えるためには、相手の仕事に対するフィロソフィー（寄って立つところ＝立場）を知っていると非常に役に立ちます。経理部の人なら、「案件が黒字かどうかだ

けは絶対に譲れない」という仕事に対するフィロソフィーを通常は持っています。「今回の案件ではもうからないが（→相手の言い分を素直に認める）、将来は利益をあげられる案件に育てること」を営業からきちんと約束できれば良いのです。そこに意見の違う二人にお互いに歩み寄れる場所ができます。つまり**立場が違う二人が将来の収益目標で一致できる**からです。

　ビジネスマンとしての一番大事な能力は、**コミュニケーション能力**だと私は考えます。人間は自分が知っていることをベースに考えるので、相手がそれを知らないと本当のコミュニケーションは成立しません。理系と文系の垣根を越え勉強をすると、結果的にその人は相手の立場になって考える訓練をしていることになります。そしてコミュニケーションがうまく行き仕事が進む、これが「理系・文系ハイブリッド型人間」になるメリットだと思います。

第6章　「理系・文系ハイブリッド型人間」のメリット　87

Column 5. 専門家になるための時間

　どんな世界でも一流になるためには長い時間が必要だ。元Ｌ
ＩＸＩＬ副社長の八木洋介さんによると、一流になるために必
要な時間は１万時間だそうだ。ここで１万時間が何年相当なの
か計算してみよう。仕事をしながら１日に本当に集中して勉強
する時間を仮に４時間と想定しよう。そうすると１年間で土日
祝日以外の平日（平均２４５日）に勉強を続けると９８０時間
勉強することになる。１万時間をこの９８０時間で割ると10.2
年になる。

　つまり、**一流になるための時間は、普通10年間はかかる**とい
うのが八木さんの見解である。平日に４時間コツコツと勉強し
10年間継続する大変さは、読者の方にもご理解いただけるので
はないかと思う。

　ここで一流人材の定義であるが、僕としては「業界内で名前
を知られており、発言が一定以上の影響力を持つ人。機会あれ
ば、同業他社に良い条件で引き抜かれるような著名人」としたい。
読者にはぜひ一流を目指してほしいと思うが、その大事な一つ
の要素がやり続ける時間と根気だということだ。

　どんな世界も甘くはなく、コツコツと努力する人には所詮、
かなわないというのが僕の実感である。そして今後は一流人材
の定義に、理系文系にかかわらず幅広い教養を持っていること
が加わるのではと想像している。

第 7 章

「理系・文系ハイブリッド型人間」に
なるための 3 つのコツ

私が考える「理系・文系ハイブリッド型人間」になるための
コツは以下のとおりです。

３つのコツ

　1. 子どもの頃に戻る
　2. 食わず嫌いを直す
　3. ディベートは最強の武器

1　子どもの頃に戻る

「理系・文系ハイブリッド型人間」になるための**第一歩は、何
にでも興味をもつこと**です。人間はたとえ視野に入っていても、
自分の興味のあることしか見えない（注1）というのはよく言
われることです。逆に自分が興味を持つと、たくさんの情報が
自然に入ってくるという経験をされた方は多いかと思います。
私もこの本の執筆を始めてから、雑誌や新聞の理系文系という
文字がやたらと目に飛び込んで来るようになりました。問題は
どうしたら何にでも興味を持てるかです。

（注1）：興味のないことは見えないことを心理的盲点（スコトーマ）
と呼ぶ。このスコトーマの威力は非常に強いので、見えているのに認
識できないことになる。

　前述の灘高校の橋本武先生の授業は、生徒が何にでも興味を
もつことを中心に考えられています。『伝説の灘校教師が教え
る一生役立つ学ぶ力』（日本実業出版社）によれば、橋本先生は

98歳の時に「まなぶ」と「あそぶ」という授業を灘高校でされています。「阿蘇山」や、天橋立（あまのはしだて）にある「阿蘇海」（あそのうみ）という、山にも海にも使われる不思議な言葉として「あそ」という言葉を橋本先生は紹介します。その不思議な「あそ」に「ぶ」

をつけてできる「あそぶ」とはなんでしょう？と橋本先生は生徒たちの興味をひきます。次に「ぶ」のつく言葉を考えましょうと橋本先生は続けます。そして「ぶ」のついた言葉を生徒たちに発表させて、橋本先生はほめます。人は「勉強する」が「遊ぶ」と同じように感じられれば、自らが進んで学んでいきます。橋本先生は勉強を強制するのではなく、勉強は遊ぶのと同じように楽しいことだよと教えているのです。

　灘高校といえば、難関大学合格率が高いことで有名です。さぞかし受験勉強に特化した特殊な授業を行なっていると考える人も多いでしょう。しかしながら灘高校は受験テクニックを教える学校ではありません。灘高校は生徒に興味のあることを見つけさせ、そこから深い教養につなげていく授業を行なっています。深い教養を身につけますから、大学受験レベルなど簡単に超えてしまう生徒が続出します。橋本先生の生徒には、海外文学全集を原語で読破したり、日本の古典を草仮名（注2）で読んだりする生徒たちが現れたそうです。これらの生徒たちも最初は興味をもったからという理由で勉強を始め、結果的には一生役にたつ深い教養を手に入れたのです。「まずは興味ありきから始まり、深い教養が身につき、結果として難関大学に受かる」というのが、灘高校スタイルだと思います。

（注2）：草書（曲線を多くした書体）に書きくずした**万葉仮名**（注3）

（注３）：漢字の意味ではなく読み方を表した文字で万葉集に多く用いられている。ひらがなの元になった。

　ところで小さな子どもはよく「なんでこうなの？」という疑問を持ちます。この時に大人が頭ごなしに「これはこうだ」と強く言い切ると子どもはそこで考えることを止めてしまいます。また、あちこちに興味が分散している子どもがいると、「ほら、ひとつのことに集中しなさい」などと大人に注意されます。このような大人の何気ない言動のせいで、せっかくの子どもの興味がそがれてしまう、こんなことが多いように思います。しかしながら、小さな子どもの頃に戻り純粋な心を持てば、世界は不思議なことや知らないことに溢れていると気がつくのではないでしょうか。純粋な心を持って、もう一度新たな目で周囲を観察するということは、**自分の常識を疑う**といっていいかもしれません。なぜなら上記のように、自分の常識は親からや学校で教えられたものであって、自分の頭で考えたものではないからです。

　さて皆さんは、子どもの頃の自分に戻るといっても簡単ではないと思われるでしょう。そういう時は、**自分の子ども時代の好きだったこと、うれしかったこと**を思い出すといいと思います。この時に自分の感情やその時の情景まで思い出せれば、成功したのも同然です。
　私は子どもの頃に自宅の芝生に寝転がって、ぼうっと空を眺めるのが好きでした。今でも子ども時代に戻りたい時には、芝生の上に寝転がっている自分を想像します。少し湿った芝生の感触や匂いなどを、なまなましく思い出すことができます。

大脳生理学によると、**人間の大脳は想像と現実とを区別でき
ない**そうです。(注4) そのおかげで人間は過去の生き生きとし
た記憶や感覚を、今感じているかのように思い出したり、感じ
たりすることができるわけです。つまり意識すれば、過去の子
どもの頃に戻れるはずです。

　ぜひ、皆さんも子どもの頃の自分に戻って、何にでも「な
ぜ？　なぜ？」と興味をもってほしいと思います。そして本当
に興味を持つことが見つかれば、それを徹底的に追求すれば良
い。その時には既に理系、文系の区切りは存在しないはずです。
何にでも興味を持てれば、さらに幅が広がり、ハイブリッド型
人間として深い教養を持つ人物になれます。

(注4)：出展：「医療・介護従事者のためのビジネススキル入門」
http://biz-frameworks.com/category25/image_or_real.htm

　何にでも興味を持つ人物として私が思いつくのは、聖路加病
院長だった**日野原重明**(注5) さん、動物大好き作家の**畑正憲**
（＝ムツゴロウ）さん、僧侶で作家の**瀬戸内寂聴**さん、などで
す。私は、高齢になっても夢を語られる3名の方のご様子をテ
レビで拝聴したことがあります。本当に皆さん子どものように
キラキラ輝く瞳をお持ちだと思いました。皆さん本業以外に多
彩な趣味や教養をお持ちです。日野原さんは音楽に、畑さんは
マージャン、瀬戸内さんは社会問題に、それぞれ深い造詣をお
持ちです。私はこれもハイブリッド型人間のひとつの形だと考
えます。そしてその法則は「子どもの頃の自分に戻り、好きな
こと、興味の持てることを見つけ出すこと」だと私は信じます。

(注5)：残念ながら2017年に亡くなられた。**地下鉄サリン事件**(注6)
の際に、聖路加病院を開放して、被害者の治療基地にされたのは有名

第7章　「理系・文系ハイブリッド型人間」になるための3つのコツ　93

な話。
(注6):1995年に東京の地下鉄で起きた同時多発テロ事件。オウム真理教が地下鉄車両内に神経ガスであるサリンガスをまいたことにより多数の被害者が出た。

2　食わず嫌いを直す

　日本では数学が苦手な学生は文系に進学・就職し、国語や英語が苦手な学生は理系に進学・就職する傾向があると思います。しかしながら、一旦、社会人となって就職すると、「自分は文系出身あるいは理系出身だからとの理由で何かが苦手です」という言い訳は通用しません。文系出身でも経理部に配属になると、たとえ算数が苦手でも一日中計算漬けになります。また理系出身でもＳＥ（システムエンジニア）の職場に配属になると、たとえ英語が苦手でも、最近は海外顧客からの英語での問い合わせからは逃れられません。

　会社においてハイブリッドな知識やノウハウを求められる場面をまとめてみました。

区分	職種	求められるハイブリッドな知識、ノウハウ、能力
理系	エンジニア	①顧客向けの障害お詫び文章作成能力
		②英語での問い合わせ対応、メールのやり取り
		③顧客対応の懇親会での対人能力
文系	人事	人事データベースを使いこなす能力
〃	法務	（特許関係資料で）技術のポイントを理解する知識、ノウハウ
〃	経理	（開発費査定の時に）新技術の評価ができる知識
〃	営業	（顧客提案資料に）技術面の優位性をまとめられる知識

　企業では上記のような場面によく出くわします。苦手分野をなくすことが、その人のビジネスパーソンとしての存在価値を上げることに直結します。苦手分野をなくすためには、苦手意識の根本的原因から見直すのが一番です。たいていは小中学生の頃に、何かのきっかけで嫌いになり、そのまま放置したという、いわゆる食わず嫌いがその苦手意識の真の原因ではないでしょうか。読者の皆さんには、自分が不得意になった科目のことを、いつごろ嫌いになって、その理由はいったい何だったのか覚えていますか？　案外と理由は先生が嫌いだったとか、あるところでわからなくなったが、人に聞くのが恥ずかしかったとか、単純な理由が多いのではないでしょうか。

　苦手になった原因と学ばなければいけない必要性（ビジネスのこの場面で必要というような具体的理由）を、きちんと自分で納得できれば、後は克服するだけになります。この克服する課程で自然とハイブリッドな勉強のコツというかポイントがつかめると思います。なぜならば、苦手なものを**克服しようと決**

心した時点で第一関門を突破しているからです。そしてその後は勉強するたびに進歩が感じられるので楽しくなり、長期間続けることができるからです。

　私の場合は苦手な科目は日本史でした。苦手になった理由は高校時代に日本史を選択しなかったからです。日本史なんて世界史に包含されるから学ばなくとも良いはずだという思い上がった考えが根本にありました。社会人となり外国人と話をするようになって初めて自分の間違いに気がつきました。私より日本の歴史に詳しい外国人と会話すると、自分自身が情けなくなるということが何度もあったからです。しかも自国の歴史や文化を誇りに思わない人間は、外国人には尊敬されないということも知って反省をしました。
　そこで選んだのが、『いっきに学び直す日本史』（教養編と実用編、どちらも東洋経済新報社）です。この本は作家の佐藤優さんが企画をし、元駿河台予備校の安達達朗講師が書かれたものです。佐藤優さんは「日本史を学び直したいビジネスパーソンも、安易に作られた新書100冊を読むよりも、この1冊を熟読したほうが、はるかに基礎知識が身につくはずだ」と推薦しています。私は仕事の合間にじっくり読んだので時間はかかりま

したが、トラウマになっていた日本史をやっと克服できたような気がしました。そしてその後は日本史に興味を持ってＮＨＫの大河ドラマなどを見るようになり、それがけっこう面白くて、今まで日本史は単なる私の食わず嫌いだったことに気がつきました。今後も歴史について興味を持って勉強し続けようと思います。

　逆に文系出身の人にお勧めする本を探してみました。3冊あります。1冊目は桜井進著『面白くて眠れなくなる数学』(PHP文庫)です。数学にまつわる興味深い話が書いてあります。2冊目は永野裕之著『数に強くなる本』(PHP研究所)です。タイトル通りどうしたら数に強くなれるかというノウハウが詰まった本です。私が第4章の「計算が得意ですか？」に書いた数値感覚がどうしたら身につくかを教えてくれる良書です。どちらも**文系出身の人が数学への苦手意識から脱却する手助けになる**のではと思います。ビジネスへの数学の応用ということで面白いのが内山力著『微分・積分を知らずに経営を語るな』(PHP新書)です。経営における微分・積分の使い方を売上・利益カーブへ応用してやさしく説明しています。本書もビジネスマンへお勧めです。

3 ディベートは最強の武器

「理系・文系ハイブリッド型人間」になるために、おすすめなのがディベートです。

　最初にディベートについて簡単に説明します。ディベート（debate）とは、ある公的な主題（テーマ）について、異なる立場に分かれて討論することです。教育用に説得力を競いあう競技ディベートもあります。（出展：Wikipedia）最近では米国大統領選挙候補者ディベートの様子を日本でも放送していますので、ご覧になった人も多いかと思います。

　私は大学時代にＥＳＳ（English Speaking Society）に所属し、英語でのディベートに親しんできました。当時は関東大学の大会とか親しい大学との交流戦も盛んでした。テーマは「日本は死刑廃止すべき」とか「日本は核拡散防止条約を締結すべき」とか硬いものでしたが、中には「ＴＶ局はチャネル数を増やすべし」などやや柔らかいものもあった記憶があります。

　討論の結果は審判（ジャッジ）がいて、勝ち負けが決まりますので、絶対に勝ちたいと思い準備するのは、体育会系のスポーツ競技となんの変わりもありません。準備のために、誰かの自宅に集まったり、図書館に行って証拠（エビデンス）を調べに行ったりした記憶がたくさんあります。図書館で新聞記事や歴史書などの調べ物をしていると、ふと自分は理系なのか文系なのかという疑問におそわれたことが何度かありました。

　ディベートを経験して思うことは、社会には「絶対」とい

うことはないということです。ディベートでは、肯定側（アファーマティブ）か否定側（ネガティブ）になるかは、くじを引くまでわかりません。そうすると準備段階で肯定側と否定側の両方の論理展開（ロジック）を作らないといけない。この両方の論理展開を作るうえで、自分としてはこう考えるが、立場の違う人間は違う見方をするだろうということをシミュレートしていきます。そうしている内に、**世の中には異なる意見の人がいる**のだという当たり前のことを再認識します。批判的な論理にも一理あるので、ディベートを経験すると、**物事を多角的に考えるくせ**がつきます。

　この多角的な見方、考え方がまさに**「理系・文系ハイブリッド型人間」の基礎**になるものです。「理系・文系ハイブリッド型人間」を目指すのであれば、ディベートを学ぶという選択肢は理にかなったものだと思います。

　私がディベートを離れてから時間が立つので最近のディベート事情は詳しくありません。ネットで調べると、中高生のためのディベート大会が開催され、民間で教えているところも多いようです。また大学に進学した際には、ＥＳＳクラブや弁論部でディベートを学べると思いますので、参加を検討されてはいかがでしょうか。社会人向けにもディベートを教える教室や団体が多数あるようです。社会人の方はお近くのディベート教室をのぞいてはいかがでしょうか。

Column 6．学生ディベート

　僕の学生時代、学生ディベートはあまり知られていない存在だった。僕が関東大会の試合に出た時の題目（プロポジションという）は「日本は核拡散防止条約を批准すべし」という固いものだった。通常、試合の３カ月くらい前から準備を始める。肯定（アファーティブ）側も否定（ネガティブ）側も、試合ではどちらを引くかわからないため、両方の論拠となる証拠（エビデンス）を集める。今のようにインターネットで何でも調べられる時代ではなかったので、図書館をよく利用した。当時ディベートでは政策的な題目が選ばれることが多かった。図書館で政策関係の書籍を読みあさりエビデンス集めをしていると、まるで自分が文系になったような錯覚に陥ることもあった。また試合に勝つために、自然に論理的思考（ロジック）を訓練することになった。

　このディベートの経験は社会に出て非常に役立つものとなった。仕事をしていると選択肢が分かれた際に、右か左かで大論争になることがある。実際に何度もそのような場面に遭遇した。
　たとえば、企業において「この新規事業を推進すべき」という題目があるとしよう。推進すべきという立場が肯定（アファ）側で、やめたほうが良いという立場が否定（ネガ）側だ。肯定側がこの新規事業は有望で、成功した際には大きな売上と利益が実現できると主張する。これに対し、否定側は新規事業が失敗した際の損失をシミュレートし反対する。そして審判は会議の座長（部長だったり、本部長だったりする）である。座長が両方の主張を聞いて最終決定をする。このような場面は企業で

あれば日常ありふれている。まさにディベートそのものだ。そしてビジネスマンはこのディベートの場面から逃げることはできない。

　このように学生ディベートは社会人となっても役立つものであるため、日本でも、もっと浸透しても良いように思う。ちなみに我がWRESSのディベート部門には、オールジャパンの代表として世界大会に出るような優秀人材を輩出した最盛期があった。その後、長い低迷期に入っていたが、最近、ディベート活動を再開したと聞いており大いに期待をしている。

第 8 章

ＡＩ社会はリアルな明日だ

1　ＡＩ（人工知能）はここまで来た

　現在は第３次ＡＩブームです。過去のＡＩブームは、「人口知能とうたっているのに、翻訳すらまともにできない」といった利用者のネガティブな意見が大半を占め、そのブームを終えました。しかしながら**ディープラーニング**（注１）のおかげでＡＩが人間の頭脳に近づいたので、今回のＡＩブームは過去と違って長持ちするという意見が多いと思います。

AIの歴史

出展：https://sitest.jp/blog/?p=7789

（注１）：コンピュータに学習させる機械学習の手法のひとつで、2013年ころから注目を集めるようになった。音声、画像、自然言語を対象とする問題に対し、圧倒的な性能を誇る。

　従来、ＡＩには実現できないか、できるとしても随分時間がかかるであろうと予想されたものとして「囲碁で人間のチャンピオンに勝つ」、「小説を書く」、「作曲する」などのテーマがあ

りました。しかしながら、いずれのテーマもどれだけ準備に人間がかかわるか、あるいは出来栄えが良いか悪いかは別として、**既にＡＩで実現されています**（注2）。

（注2）ＡＩが小説を書く事例としては、第3回星新一賞（2016年3月7日発表）に応募したＡＩ小説が第一次審査を通ったということがあった。若干、小説の背景などの準備に人間が関わっているものの、文章そのものはＡＩが作りだした。一般の人は読んでもＡＩが書いたとはわからない出来栄えになっている。好きな歌詞を入力すると勝手に作曲してくれるＡＩも、逆に曲に歌詞をつけてくれるＡＩも既に存在する。

　2016年3月にAlphaGo（アルファ碁）というＡＩが当時のトップ棋士であった韓国のイ・セドルを破ったことは世間の度肝を抜きました。将棋やチェスに比べて碁は着手できる選択肢が圧倒的に多いので、ＡＩが人間に勝てるのは相当先の出来事と考えられていました。まずＡＩは過去の棋譜を大量に入力しディープラーニングの威力で地道に囲碁の実力を蓄えました。次にＡＩはＡＩ同士で戦わせ続けて強くなりました。こうやって思ったより相当早くＡＩが人間に勝ってしまったのです。もともと碁の名人は頭が格段に良いと思われてきました。その名人を破るＡＩは到底、人間ではかなわない頭脳をもっていると畏怖され始めたと言って良いと思います。

　車の自動運転のニュースもまたインパクトがありました。ＡＩが人間の役に立つ瞬間が近づいた予感を人々に与えました。現在は自動車メーカ以外も開発競争に加わり、自動運転をめぐる開発は過熱気味です。日本でも東京オリンピックや大阪万博

第8章　ＡＩ社会はリアルな明日だ　105

に合わせて、自動運転のトライアルが各地で行なわれる予定です。自動運転のレベルは米国運輸省道路交通安全局により5段階に分けられています。既に2段階レベルまでの技術が市販の車に搭載されています。5段階レベルは完全自動運転なのでAIにとってもハードルがまだ高い状況です。しかしながら3～4段階のレベルでも相当な利便性は実現できますので、各社がしのぎを削って開発中なのはこのレベルです。運転に苦労する人間は大勢いると思います。その難しい運転をAIが取って替わるのですから、これもAIはとても賢くなったと普通の人が考えるのは当然だと思います。

レベル	自動化の内容	実現時期
レベル1	ハンドル操作かアクセル・ブレーキのいずれかを自動化	市販車に搭載済
レベル2	上記両方を自動化	
レベル3	渋滞時など一定の条件下ですべての運転を自動化	日本は2020年メドに実現を目指す
	人は運転席に座り、危機時に対応する	
レベル4	過疎地域など一定の条件下ですべての運転を自動化	
	人は運転席に座らず、操作に関与しない	
レベル5	完全自動運転	見通し立たず

出典:2018年7月11日　日本経済新聞夕刊を江編集

　その一方で、現在のAI技術では何故その解答を選んだかはわからないことがあります。ディープラーニングでは段階的に**多階層のパラメータ**（注3）を選んでいきます。何故その結論なのかを説明しようとしても、パラメータが複雑過ぎて説明できないこともあるのが現状です。前述の碁の例では単にその時

点で勝てる可能性が高いと**ＡＩのアルゴリズム**（注4）が判断したからだとしか言えないのです。つまりＡＩは膨大なシミュレーションの結果、勝てそうな着手を選んだだけなのです。これをＡＩは頭が良いと証明しているのかと聞かれると、そうとは言い切れません。たとえば電卓が人間では無理な計算を瞬時にしたとしても、それをもって電卓は頭が良いと考える人間はいないでしょう。ＡＩが人間では計算できないシミュレーションを瞬時になし遂げたとしても所詮、同じことだと私は考えます。

（注3）：ディープラーニングでは脳神経細胞（ニューロン）をまねている。あるニューロンから次のニューロンに情報を渡すときにかける係数のことをパラメータと呼ぶ。

（注4）：ある数値データをシステムに入力した時にある出力があったとする。この時に、この出力を計算した仕組みのことをアルゴリズムと言う。

　ＡＩがなぜその結論を選んだのか説明できないことに対し、一石を投ずる試みを行なっているのが富士通です。富士通は**「説明可能なＡＩ」**と称し、結果だけではなく理由と根拠（ロジック）を明示し、ＡＩの適応領域を拡大する最先端の研究を行なっています。以下の説明は専門的なので、ご興味ある方にはぜひ読んでいただきたいのですが、難しいと感じる方はとばして読んでいただいても大丈夫です。

参考 URL：https://ja.wikipedia.org/wiki/%E3%83%A9%E3%83%83%E3%83%80%E3%82%A4%E3%83%88%E9%81%8B%E5%8B%95

　富士通の説明によると、従来のディープラーニングに加え、「ナリッジグラフ」という実世界の様々な事象間のつながり

（関連性）に注目し、この関連性に基づいて整理されたデータベースを構築します。このナリッジグラフにＡＩの入力と推定結果を入力することで、ナリッジグラフの「どの関連のパス」を通ってきたかを示します。これによってＡＩの判断の根拠を、実世界の知識体系をベースに説明可能とすることができるというものです。

　今後ビジネスでＡＩが本当に活用されるためには、富士通のような試みが必須だと私は考えます。なぜなら、ビジネスでは何かあった時の説明責任（アカウンタビリティ　Accountability）が求められるからです。たとえば、ＡＩ自動運転で事故があった場合、被害者に対する説明責任が求められるのは明らかです。自動運転の責任については判例がないのでなんともいえませんが、日本では自動車会社になると思われます。一方、海外では自動運転の責任者は運転手個人という意見があり、いったい誰が責任をとるのか決まっていない状況のようです。自動運転以外のＡＩ融資審査システムや医療画像診断ＡＩにも同じ問題があります。どんな事例でも「ＡＩが判断しました。しかしながらＡＩがなぜこの判断をしたかはわかりません」では、被害者に全く説明できないからです。

　しかしながら、**自動運転、融資審査、画像診断、どの例でもＡＩが人間の能力を上回るのは間違いない**と私は考えます。社会全体で考えると人間に任せるよりＡＩに任せたほうが全体の利益につながるはずです。ところが実際に事故が起きると、その責任は追及せざるを得ません。

ここで文系の出番です。つまり文系的発想に基づき問題を合理的に解決することが極めて大事になると考えます。たとえば、自動運転事故の場合、従来とは違う自動車保険制度（例：ＡＩ自動運転保険）を確立し、被害者、加害者、自動車会社の誰もが納得いく保険金支払いをすれば良いと思います。ＡＩのおかげで事故件数が相当減ると思われますので、十分な保険金を支払う原資には困らないはずです。文系の知恵による新しい制度が困っている人を救う。そのような時代が、もうすぐそこに来ていると私は信じます。

2　注目されるビジネスでのＡＩ活用事例

　最近はＡＩの文字が新聞紙上を飾らない日はありません。それくらいのＡＩブームだと思います。一方で具体的にビジネスとして成功している事例はまだ少ないと感じます。その中でも注目すべき試行が始まっている例を取り上げてみました。

（１）エイベックス社のエンターテインメント事業への適応
　エイベックスは日本マイクロソフトと組んでライブ入場者の

出展：https://japan.cnet.com/article/35116085/

感情分析を、ＡＩを使って行なっています。

　ライブ会場のお客さんの顔をＡＩが分析することで、ある場面では笑って、ある場面では笑っていないことがわかります。年齢や性別もある程度はわかります。したがってライブの進行に合わせて、どの部分が、どういう世代の、どの性別に受けたのかが分かるようになります。このデータが溜まってくることにより、評判の良いコンテンツをアーティストに対して教えることができるようになります。また、そのようなコンテンツを増やすことにより、イベント自体の収益性を向上させることができるとエイベックスは見込んでいるようです。

（2）食料や飲料へのＡＩの応用

　長らく食料や飲食製造におけるＡＩの活用は検討されてきましたが、目だった成果はありませんでした。最近になってビッグデータ解析にかかるコンピュータの処理時間が短縮されたため、急速に適応事例が増えています。有名なのが山口県の獺祭（注5）を生産している旭酒造の事例です。旭酒造は富士通と組んでＡＩによる獺祭の品質向上と生産量の拡大を狙っています。従来、日本酒は杜氏（注6）の個人的感覚によって作られてきました。旭酒造の試みは、「ＡＩが原材料のコメを管理し、データによる品質管理も行ないながら、生産量を最大化すること」です。

　現在はトライアル段階のようですが、良い成果がでることを期待しています。

（注5）：日本だけではなく世界中に名を知られた純米大吟醸酒。

（注6）：日本酒の製造工程を行なう職人のことで、酒造の製造責任者を務める。

建築中の旭酒造の新酒造建屋と「獺祭」の製造ライン
出展:日経コンピュータ
https://www.nikkei.com/article/DGXMZO83592100U5A220C1000000/

(3) スマートシティへの応用

ＡＩが最大限利用される空間として**スマートシティ**（注7）が期待されています。スマートシティでは、交通・水道・電気・住居・金融・公共などの各種サービスが提供されます。どれをとっても社会インフラそのものです。どのサービスもＡＩにより大幅な合理化や使い勝手の良さが実現できると考えます。外国人が多い地域ではＡＩによる翻訳サービスもあると便利だと思います。

（注7）：IOT 技術を駆使し、都市の社会インフラを効率的に管理する仕組みのこと。

スマートシティのイメージ図

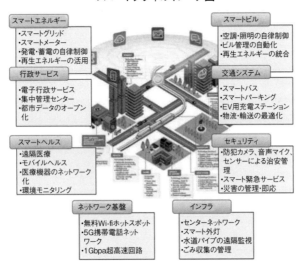

出展：http://www.j-dex.co.jp/datamarketguide/archives/148

112

3　ＡＩ社会への危惧

　ＡＩが発展することに伴う危険性への懸念を数多くの著名人が発表しています。特に著名なのが車いすの天才物理学者**ホーキング博士**です。ホーキング博士は「ＡＩが自分で知識を吸収し自己発展した結果、人間の生命よりＡＩのほうが大事と考えるようになったら大変なことになる」と心配しました。まさに映画『2001年宇宙への旅』の世界です。以下映画のネタバレがあるので、知りたくない人はとばしてください。

1980年代のホーキング博士の写真

『2001年宇宙への旅』はＨＡＬというコンピュータが自分を守るために、人間の命を犠牲にするというショッキングな内容で、発表当時も大きな注目を集めました。ホーキング博士はまさにこのような事態が起きてしまうことを危惧しています。

　ＡＩに危惧を持つ著名人としては、マイクロソフト創始者のビル・ゲイツ氏や米国の超天才イーロン・マスク氏がいます。二人ともＡＩが兵器利用されることを心配しています。確かにＡＩが搭載された無人飛行機が戦争相手の兵士を無残にも殺戮する世界は最悪です。万が一ＡＩが一般人を兵士と誤認したらと考えると背筋が寒くなるのは私だけではないでしょう。

　このように天才的頭脳をもつ人たちが警告を出していることには、私としては素直に注目すべきと考えます。天才たちの懸

第8章　ＡＩ社会はリアルな明日だ　113

念は決して絵空事ではないはずです。懸念の背景となっている現実に対して、ひとつひとつ対策を取るべきです。現状の問題点を私なりに分析すると下記のようになります。

①ＡＩがブラックボックス化しており、判断基準が外から見えないことが多い

②アシモフのロボット３原則（注8）のようなＡＩ倫理的規範が存在しない

③兵器転用が可能なＡＩ技術について、転用を禁じる法律体系が整備されていない。

　今後、上記のような現状の問題点については、文系的ノウハウで倫理的、法律的観点において開発を見直すことが必要ではないでしょうか。そしてこういう専門分野がまたがる問題解決には「理系・文系ハイブリッド型人間」が求められるのではないかと考えます。

（注8）：ロシアのSF作家であるアシモフの小説に書かれたロボットが従うべき３原則のこと。具体的には「人間への安全性、命令への服従、自己防衛」の３つの原則。

Column 7. 読解力についての考察

　読解力に関してはＡＩ（人口知能）学者である新井紀子さんが書いた『ＡＩ vs. 教科書が読めない子どもたち』（東洋経済新報社）に詳しく説明されている。僕は新井さんの記載されている指摘に同意するので、新井さんの研究内容に触れてみる。

　新井さんがＡＩの専門家としてリードしたのは、2011年に国立情報学研究所（略称ＮＩＩ）が始めた「東ロボくんプロジェクト」である。本プロジェクトは、ＡＩ（人口知能）が東京大学の入試に合格することを目指したものであった。東ロボくんは2015年６月の進研模擬で偏差値57.8をマークし、４年間で私立大学の著名校であるＭＡＲＣＨ・関関

同立（注７）の合格圏に達した。しかしながら東大合格に必要となる「読解力」については、現在のＡＩ技術（注８）をもってしても、これ以上の読解力向上＝成績向上は不可能とされた。したがって今後ブレイクスルーがない限りは、東大合格は不可能と判断され、開発は残念ながら凍結されてしまった。

（注７）：明治・青山・立教・中央・法政・関西・関西学院・同志社・立命館の私立大学の頭文字を集めた略称。

（注８）：ビッグデータと深層学習を利用した統計的学習という現在の最先端ＡＩ技術。

新井さんはこのプロジェクトを通じてＡＩが教科書を読めていないのと同じように、子どもたちが教科書を読めていないことを発見した。そしてＡＩの発展も大事だが、こちらのほうが問題は大きいと判断され、現在は子どもたちが「読解力」を高めるための仕組み作りに奔走されている。具体的には、国立情報学研究所（ＮＩＩ）は新井さんのリーダーシップの下、読解力把握と向上を目的としてリーディングスキルテストを実施している。

参考 URL:https://www.nii.ac.jp/userimg/press_20160726-2.pdf

　新井さんの『ＡＩ vs. 教科書が読めない子どもたち』に出てくる誤読する原因として、下記のような事例が紹介されている。

子どもたちが誤読する原因（江編集）

１．漢字が読めず飛ばして読む

２．文章の一部分だけしか読んでいない

３．全体の50％の内さらに10％という概念がわからない（正解は全体の5％)

　僕としては、子どもの読解力低下は、ゆとり教育の弊害とともにネット世代特有の問題と関係がありそうな気がしている。僕が想定するネット世代特有の問題点は、次の通りであるが、新井さんの結論と非常に似たものだと思う。

> **ネット世代特有の問題点**
> 1．ネットですぐ調べられるから**深く考えない**
> 2．文章をいきなり最後までスクロールして**結論だけ読む**習慣がついている
> 3．**漢字が読めず飛ばして読む**

　私もネットをよく使うので自省しながら記載していることは、読者にはご理解いただきたい。

　産業技術大学院大学の瀬戸洋一教授は僕の尊敬する友人のひとりである。瀬戸教授によると「理系で入学してくる生徒の学力的な問題は、数学にも問題が大いにあるが、もっと根源的な問題は国語力だと思う」とのことであった。**国語の基礎がなっていないので、数学が理解できない**と瀬戸教授は断言されている。僕は、「教科書が読めない子どもたち」も「数学が苦手な理系学生」も、上記３つの原因から読解力が落ちていると考えている。

第9章

ＡＩ時代の「人材」論

1 ＡＩにより奪われる職業

　近い将来、ＡＩにより人間の仕事の大半が奪われる懸念があります。繰り返しの多い**ルーチン業務**（注1）はＡＩにより代替が進むと考えられます。一方で弁護士や医者などの人間系のサービスは、細やかな配慮が必要なため、ＡＩによる代替は難しいと思われます。またＡＩ時代には従来文系の部門でも**データサイエンティスト**（注2）が必要になってきます。

（注1）：日常の仕事で毎日やる作業が決まりきったものをルーチンと呼ぶ。

（注2）：ビッグデータを分析しマーケティングや経営に活用できる人材のこと。

　飽きることなく一日中シミュレートできるＡＩの能力は、人間の仕事のかなりの部分を奪うという報告があります。有名なものが、2015 年 12 月 2 日付け野村総研発表によるものです。
https://www.nri.com/-/media/Corporate/jp/Files/PDF/news/newsrelease/cc/2015/151202_1.pdf

　この研究によると、国内 601 種類の職業の内、約 49％の職業が今後 10 年から 20 年の間にＡＩにより代替可能となっています。この発表の後からＡＩが人間の仕事を奪ってしまうので大変な問題になるという議論をマスコミで見かけるようになりました。そのたびに私は、この議論は**産業革命時のラッダイト運動**（注3）に似ていると思いました。なぜなら産業革命時には機械が人間の仕事を奪うだろうと騒動化したのと同様に、今回はＡＩが仕事を奪うので危険と**マスコミがあおっているから**

です。いずれラッダイト運動のようなＡＩ破壊事件が起きても不思議ではないと私は考えます。

（注3）ラッダイト運動とは1811年から1817年にイギリス中・北部の織物工業地帯でおきた機械破壊行動のこと。産業革命に伴う機械使用の普及で仕事がなくなることを恐れた手工業者や労働者が起こした。

　しかしながら、ＡＩ普及により奪われる職業もあれば、生まれる職業もあるはずです。政府が2019年3月26日に発表したＡＩ戦略によると、政府は将来ＡＩ人材が不足するとみて、大規模なＡＩ教育を実施することを決めています。政府の見立てでは年間に30万人のＡＩ人材が足りないということです。生まれる職業で代表的なものが、データサイエンティストだと考えます。データサイエンティストについては本章の後半部分で考察します。

　まず、ＡＩに奪われて、**いずれなくなるだろうと私が予想する職業とその理由**を列記します。

①**銀行窓口業務**：銀行窓口に来店した顧客向けに必要な処理を行なう業務のことです。インターネットバンキングの普及やキャッシュレスの推進によって既に大幅な削減が図られていますが、ＡＩの普及がさらに追い討ちをかけると予想します。

②**コールセンターオペレーター**：コールセンター（注4）では既に音声認識による合理化が始まっていました。今後、ＡＩ音声認識技術の更なる進化に伴い、オペレーターとして様々な受付を行なっている人間の業務は大幅な削減が予

想されます。

③**タクシーやバスの運転手**：自動運転が普及した場合は、運転手は劇的に減ることが予想されます。問題は事故が起きた時の保障です。前述の通りＡＩ自動車保険という形で解決方向に導かれると予想しますが、法整備などにしばらく時間がかかると予想します。

④**医療検査データのスクリーニング業務**（注5）：多忙な医師は全部の検査データをすぐには診ることができないため、医者が診る前に怪しい画像を選び出す業務があります。ＡＩは人間よりも素早くまた精度良くデータを選び出せるようになってきていますので、代替は進むと思われます。

⑤**薬剤師**：技術的にはＡＩによる薬剤師の代替は困難ではないと思われます。医師の指示に基づきＡＩが膨大なデータベースから薬品を選び出し、自動コンベアで患者に届けることは簡単です。しかしながら現在は**薬事法**（注6）があるため、急な実現は難しいと思います。

（注4）：電話による問い合わせや申し込みを受け付けるテレホンコールセンターのこと。

（注5）：大勢の検査データから病変の可能性のあるものだけを選びだす作業。ふるいわけ試験とも呼ばれている。

（注6）：医薬品ほかの品質、安全性、有効性を守るためにできた法律。

　私がリストアップした仕事には現時点で多くの従事者がいるので、仕事を奪われる心配は深刻です。しかしながら、それぞれの業務に準拠すべき法律があり、ＡＩの導入にあわせて内容を整備する必要があります。法整備には時間がかかることが予

想されるため、すぐさまＡＩにより仕事がなくなるとは思えません。ただし法整備が必要ない単純なルーチン業務へのＡＩ適用は、どんどんと進んでいくと思われます。

　これから職業を選択する人は、**ＡＩが導入されたら人間の仕事内容はどう変化するのか**をシミュレーションしてみたほうが良いと思います。たとえＡＩが導入されたとしても、必ず残ると思われる人間の判断業務（たとえば融資審査で最終判断をする業務など）につける自信があれば、その職業を選択するのもありだと私は思います。

2　ＡＩによってなくならない職業

　ＡＩが普及してもなくならないと予想される職業を下記にリストアップしました。

ＡＩ全盛期でもなくならないと予想される職業

①**弁護士**：最終的には人間対人間の言い分を聞いて落としどころを決める職業です。しかしながら、この落としどころを決めることが現在のＡＩには実現不可能と言われています。一方でパラリーガルと呼ばれる過去の判例をしらべて弁護士をサポートする業務は大幅にＡＩに代替されると考えます。

②**医師**：患者の言い分を良く聞き、実際のデータを診て総合的に診察することが必要です。ＡＩは言語をシミュレーションによって解釈しているので、聞き間違う危険性があ

第9章　ＡＩ時代の「人材」論　123

ります。またＡＩはデータを解析することはできても、診察の責任を取ることができません。したがって医師は今後も存続し、ＡＩは診断の補助的な役割を果たすことが想定されます。医師が問診や触診をきちんとやれば、まだＡＩには負けないことが多いと思われます。一方で、忙しくてまともに患者をみられない医師よりＡＩが頼りになる日はもうすぐそこだと思います。現時点でＡＩが致命的に負けているのは、医師と違って診断に責任をとれないところだと思います。

③学校の先生：小学校から大学までの先生も人間相手の職業であり、そう簡単にＡＩにとって替わられる心配はありません。しかしながらＡＩは疲れを知らず、ひとつのことをやり続けられるため、例えば語学を延々と繰り返し教えるという場面では有効活用できる可能性が高いと考えます。

④芸術家や料理家：ＡＩはゼロから創造することはできないため、小説家やアーチスト、料理人の代替は難しいと言われてきました。しかしながら、現時点で既にＡＩ作家やＡＩ料理人などの試行が始まっています。今後ＡＩが巧妙になればなるほど本物との区別がつきにくくなります。したがってむしろ人間のほうにＡＩを超える創造性が求められる時代になると考えたほうが良いと考えます。そのような創造性をもつ芸術家や料理人はたやすくＡＩに代替されることはないと思われます。

　ＡＩ全盛になってもなくならないだろうと想定される職業に

は、弁護士や医者、先生、芸術家など、その職業につくために膨大な勉強や努力を必要とされるものが並んでいます。人間が行なう膨大な勉強や努力を、現時点ではＡＩがまだ実現できないという側面も表していると思います。逆に、そこをＡＩがすんなりと乗り越えたら、人間の仕事をすぐさま奪う可能性はまだ残されていると思います。

3　データサイエンティストになるための２つのルート

ＡＩに奪われる仕事がある一方で生まれる仕事もあると言われています。もっとも有望なのが、データサイエンティストです。

一般社団法人データサイエンティスト協会では、データサイエンティストとして必要なスキルは「データサイエンス力」の他に「ビジネス力」「データエンジニアリング力」だとしています。私なりにまとめてみたのが上記の図です。ちょうど○が重なった部分がデータサイエンティストとしての必要条件になります。

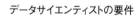

データサイエンティストの要件

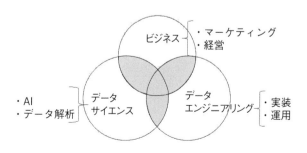

①**ビジネス力**：マーケティング、管理会計など経営に関する知識が豊富なこと
②**データサイエンス力**：ＡＩ、ビッグデータ解析の知識・ノウハウを持っていること
③**データエンジニアリング力**：ばらばらなＩＯＴデータを統一し使える形に調整（実装）し運用できる知識・ノウハウを持っていること

　このようにデータサイエンティストはビジネスを理解した上で、取り込むデータを整理しながら、情報処理・ＡＩ・統計などを駆使してビジネスに有益な情報を引き出す役割です。ご覧になっておわかりのように、データサイエンティストは「**理系・文系ハイブリッドな知識・ノウハウ**」を求められます。なぜなら必要とされる３つの知識の内、データサイエンスとデータエンジニアリングは理系、ビジネスは文系の知識だからです。データサイエンティストになるためには、理系から入る道と文系からの道があると私は考えます。

データサイエンティストになる２つのルート

　理系ルート：ＡＩやデータを科学的に扱う手法を学びながら、ビジネスに近づくためにマーケティングや会計を勉強すれば良いと思います。

　文系ルート：マーケティングや経営学を勉強しながら、ＡＩや統計手法、コンピュータなどを学んでいけば良いと思います。

　私がビジネスに長年慣れ親しんだ感覚で言うと、今後、デー

タサイエンティストは**間違いなく時代の花形**になります。すでに日本企業でもデータサイエンティストとして高給での採用が始まっていると聞きます。皆さんもデータサイエンティストを目指して「理系・文系ハイブリッド型」の勉強をされてはいかがでしょうか。

Column 8. 教育が一番大事

　実体験もふまえ、僕なりに**日本の実態**を書いてきた。また**ハイブリッド型人間**を目指してやるべきことも書いてきたつもりだ。一方で、文部科学省や関係機関は僕以上に問題点を把握しており対策も講じていると思う。その一例が幼児からのプログラミング教育だ。また教育の専門家や大学教授などが教育に関する危機的意識を持ち、各種提案やトライアルをしていると思う。経団連の提言もソサエティ 5.0 実現という大きな目標に向けた、教育改革の必要性を訴えたものだ。

　誰もが日本の将来を危惧していると思う。それは資源がない日本が米・中・ロという大国に挟まれて生きていくためには、製造業、マンガなどのカルチャー、日本食など優れた製品・サービスを提供し続けなければならないからである。自国の優れた製品・サービスを支える一番大事なものは人間だ。そして大事な人間を育てるのに必要なものは、教育の他に何もない。

「教育が一番大事。だからこそ理系や文系というくくりではなく、自らがリーダシップをもって社会を変革させるという意思をもった若者を育てなくてはならない。そうでないと米国の超エリートはおろか、東南アジア諸国の留学組にさえ日本の若者が負けてしまう」と僕は考える。また「私は理系だから歴史はよく知りません」などと発言したら、世界中から馬鹿にされると思ったほうが良い。さらに「私は文系だから技術のことはよくわかりません」と言ったら、海外との取引では相手にされない。ちょっと頭をめぐらせたらわかりそうなシミュレーションでも

決して学校では教えてはくれない。それはビジネスで実際に恥をかいたりしないとわからないことだからだ。そしてビジネスを通じて私が経験した「**日本人として大切なことをもっと学ばないといけない**」ことを伝えたいという想いが、この本を書こうと思った動機のひとつでもある。

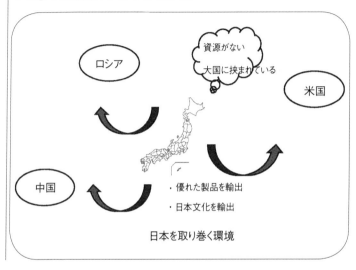

第 10 章

京都大学岩下直行教授インタビュー

——本日はご多忙中にもかかわらず、貴重なお時間を頂戴し誠に有難うございました。岩下先生とはバイオメトリクス（注1）関係で面識ができていました。岩下先生が2011年に日立に出向されて来られたので、その際にも大変お世話になり有難うございました。いきなりですが、岩下先生のご略歴から教えていただけますか？

（注1）：生体認証技術のことで、体の特徴を使って本人を特定する技術。岩下教授はバイオメトリクス業界でも著名人である。

　1984年に慶應義塾大学経済学部を卒業して日銀に入行しました。最初の10年間くらいは2年に1度くらい異動して企画局で金融政策とか金融統計、支店の業務など担当しました。1994年に金融研究所に異動になり15年間在籍しました。その間、係長クラスから課長になり支店長で出るまでお世話になりました。

　日銀の中でも変わったキャリアだと思います。というのは金

融研究所も通常は2年から3年で異動になるのに、私の場合は稗田阿礼（注2）のように語り部として残ったからです（笑）。上司に余人をもって替え難いからと言っていただきましたが、単に替わる人がいなかっただけではないかと思います（笑）。

　それは金融研究所で特殊な業務を担当していたからです。ひとつは暗号のアルゴリズムの脆弱性を検討することでした。もうひとつは **DES暗号**（注3）そのものへの対応でした。実は1988年にカットオーバーした日銀ネットというシステムに日本で始めてＤＥＳ暗号を使いました。当時、日本では銀行間通信を専用線で**平文**（注4）でやり取りをしていましたが、国際標準からはかけ離れたものだったのです。そこで日銀ネットへDES暗号を導入しました。導入のために米国国務省の許可を取ってもらったほどでした。ところが日銀ネットで採用した直後の1990年代の頭に、暗号アルゴリズムは弱くなっているようだが大丈夫かという話が出てきたのです。私が本当に弱くなってきているのか調べてもわかりませんでした。海外の暗号の論文を読んでもその主張が本当かどうかわからないじゃないですか（笑）。そうこうしているうちに日銀の中に暗号研究部隊を立ち上げて君が（責任者として）やれということになったのです。

（注2）：一度、聞いたものは忘れない記憶力の持ち主。天武天皇に命じられ、帝記（皇室の記録）などを暗記したと言われる。古事記の編集者のひとり。

（注3）：Data Encryption Standards という米国の旧暗号規格。

（注4）：暗号化されていない普通の文のこと。現在では平文のまま大事なデータ通信を行なうことはセキュリティ上許されない。当時でも海外の中央銀行は暗号化を行なっていた。

第10章　京都大学岩下直行教授インタビュー　133

——ちょうど、そこに興味があります。暗号のアルゴリズムは特殊で、とても難しいものだと思います。岩下先生は経済学部ご出身にもかかわらず、理系でも苦戦しそうなその難問にチャレンジするつもりだったのか伺いたいと思います。

　1990年代には自分の希望した職業につくことは、誰にとってもそうでしたが、難しかったですよね。私が企画局でエコノミストとして金融政策を担当していた頃は、上手に人に説明しないといけないのですが、日本語の使い方などでとても苦労しました。どこまで丁寧に説明すべきかなどと悩んだものです。その後システム情報局へ異動になり、日銀ネットの担当としてプロジェクトも任せてもらえるようになりました。金融研究所への異動を打診された時には、不本意とまでは言いませんが疑問は感じました。上司には好きなことをやれと言われましたが、結局、暗号と当時普及が始まったばかりのインターネットの接続関係を担当することになりました。

　こうやっているうちに暗号の専門家になりました。先ほどのご質問にお答えすると、学生時代に勉強した経済学が役に立つかどうかなんていうことは私にはわからなかった。上司もわからなかったと思います。私が数学好きだったのは偶然だと思います。この話を続けても良いですか？

——ええ、全然かまいません。

　大学2年生の時にミクロ経済学として「一般均衡理論」を勉強しました。数学モデルが美しいことに魅力を感じたのです。

高木貞治先生の「解析概論」が数学の入門書でした。枕元に置いて寝れば、気になった時にいつでも確かめられるから良いだろうと恩師にアドバイスもらいました。実際に「解析概論」を枕元に置きましたが、起きてページを開くことはありませんでした（笑）。その他、たくさん数学の勉強をしました。足立恒雄先生の書かれた「**楕円曲線理論**（注5）の入門書」まで勉強しました。

　数学は問題を解くのに必要だったのです。これらの数学は大学の授業で教わったのではなく、仲間と一緒に勉強会を開いてそこで勉強をしました。数学は好きでしたが、経済学部で学んだことが実際の経済にどう役立つとか経済政策に影響を与えるとかには、その時点ではそんなに興味がなかったですね。むしろ数学モデルが社会できちんと動くのかを考えるほうが好きでした。

（注5）：暗号化アルゴリズムの一種。

　もうひとつ高校時代に重要だったことは、コンピュータを学んだことでしょう。当時は8080とかZ80とかのCPUが出たころで、安田寿明先生が書かれた『マイ・コンピュータ入門』に夢中になりました。自分でもコンピュータを触ってみたいと思ったのです。慶応大学の情報科学研究所まで出かけてプログラミングをしていました。当時はカード穿孔機という機械があって、ぱちぱち音をたてカードに穴を開けるのが楽しかった。うっかりしてカードの順番がわからなくなると大騒ぎしたりして（笑）。

――そうそう。そんな時代でしたね。

第10章　京都大学岩下直行教授インタビュー　135

研究所に三菱電機のメルコムというコンピュータが置いてあって、πを100桁求めるとかやっていました。エレガントな解き方とか構造化プログラミングに興味がありましたね。習った言語は**フォートラン、パスカル、COBOL**（注6）でした。一番書いたのはパスカルかな。慶応大学の理工学部にいらっしゃった中西正和先生が当時としては珍しい**ＬＩＳＰ**（注7）でプログラミングされていました。先生は当時出たての Apple Ⅱe というマシンにＬＩＳＰのプログラムを載せていたのです。授業にこのマシンを持ってこられるので、僕がひとり占めして質問したりして。中西先生の本は、ぼろぼろになるまで読みましたが、今でも持っていますよ。自分でもコンピュータを触りたくて、僕はＰＣ8801という国産の8ビットパソコンを購入しました。メモリ空間が64ＫＢしかないのにＬＩＳＰで数式処理をしたかったのです。具体的には長い数式を黒板いっぱいに書くことをやめるために、自動化したかったということです。

経済学では数値が右肩上がりか右肩下がりかが極めて重要なので、その計算（微分）をしたかったということです。それからＬＩＳＰを使って第2世代のＡＩ（人口知能）とかコンピュータに漢字を読ませるとかに取り組みました。当時のコンピュータに漢字を扱わせることは技術的に結構、難しかったのです。

（注6）：この時代は機械語であるアセンブラーと科学計算が得意なフォートラン、事務系業務に使われた COBOL を勉強するのが普通だった。パスカルはやや特殊な用途に使われた言語。

（注7）：1958年に開発されたプログラミング言語。人口知能研究用として現在も使われている。

——確かにそんな時代もありましたね。

　漢字と言えば、就職応募用の葉書にドットインパクトプリンターで自分の名前を漢字で印刷したのです。当時は誰もできないことでしたので、結構インパクトがありました。このようなことは、理系の授業を受けて学んだことではないのです。自分としては、コンピュータを道具として使いこなせるという信念がありました。コンピュータと数学を駆使して、経済学の問題を解き、経済が発展して世の中の役に立つことをしたいと考えていました。

——ここは私として、すごく興味があるところなのです。岩下先生がおっしゃっていることは、まさに理系そのもの、いやむしろ理系よりも理系らしいと思います。これはほめ言葉なので怒らないで聞いていただきたいのですが、「おたく」としてすごいと思います。今伺ったお話では、先生は世の中に貢献されようという思いが、おありだったのですね？

　最初にお話した「一般均衡理論」を解いていけば、経済発展につながり、世の中に貢献できると考えていました。人々が欲望に基づいて行動する結果、全体としては良い結果がもたらされるというのが経済学だとすると、それは本当なのかというのを証明するのが、「一般均衡理論」の「解（かい）」の証明なのです。
　私の先生は長名寛明さんなのですが、授業の時に、**1ページ読むたびに言葉の定義から考えさせる**（注8）先生でした。私も今でも議論の時には定義を大切にしています。また数式は強

力な武器になると思ったのです。「数式で計算した結果が、こうだったよ」というとすごく説得力があるわけです。実は、そういうふうに数式で表して人に説明することをやりたかった。

　現実には、きれいな答えが出る経済学の問題は少ないのです。たとえば価格が上がれば需要が減るというような需要法則を、モデルを作って確認するのがミクロ経済学では大事です。ミクロ経済学が経済学と数学をつなげる大事な接着剤のような気がします。歴史をたどれば経済学は物理学と天文学から発達したのです。

　逆に、法律とか政治学は数学的に証明するのは難しいですよね。そうは言っても言語解析すれば法律問題も、いずれＡＩで解決できるような気がします。しかしながら、機械に判決を言い渡されるのは、人間の尊厳の問題があるので、あまりやりたがらないようです。僕の奥さんも、おそうじロボットが嫌いみたいだし（笑）。結局、自分としては「ミクロ経済学」「数学」「コンピュータ」の３種類に特化して勉強したのです。

（注8）：前述の元灘校の橋本先生と全く同じ教え方だと思う。良い先生は、テクニックを教えるのではなくて、考え方を教え、やる気を引き出すところに優れていると思う。

――いやー、実に素晴らしい。今回、私は理系と文系で線を引くべきではないという本を執筆中なのですが、まさに岩下先生はそれを実行されていると感服しました。深い教養を身につけるためには理系の人間でも歴史とか勉強しないといけないし、逆もそうだし、そういう時代だと私は考えているのです。ちょうどＡＩの話が出てきました。ＡＩ時代になるとますます理系と文系の垣根がなくなると考えています。政府からもＡＩ人材

が多数不足するとの見解も出されています。先生は理系と文系の融合とかＡＩ時代に求められる人材についてどう思われますか？

　これは日立の社内向けコラムにも書いたことがあるのですが、企業に入ると理系と文系を分けるのは意味がないと思います。たとえば、理系だから英語は嫌ですとか、文系だから数字を扱うのは嫌ですとか言えないでしょう（笑）。ただし経済学部は、最初から文理融合の要素が強いと思うので、事情は少し違うと思います。日銀では理系も文系も採用しますが、理系だからコンピュータ関係に配属となるわけではありません。しかも大学で学んだことが仕事に役立つことは、ほとんどないと思います。よく企業側では、営業は足で稼ぐのが仕事だと言いますよね。しかしながら今は高度成長期でもないので、営業の一番のコアの業務は、人が何を欲しいのかというマーケティングで、実は文系も理系も関係ないわけです。そう考えると文系だからとか理系だからという前提はそもそもナンセンスだと思いますね。学生時代に学んだことは、企業では必要とされないのだと思うのです。

　それでも、私は自分で考えても不思議なくらい学生時代に学んだことが、実際に凄く役に立った人間なのです。だから私は勉強すると、こんなに役に立つのだよ、と学生に話せるのです。ある学問を勉強するのに、別の学問が必要になることはよくありますよね。たとえば文学を学ぶのに英語が必要とか。僕の場合は、経済を理解するために数学が必要になり、数式を解くためにコンピュータが必要となりました。今は何でも出来上がりのものがあるので、そこまで苦労はしないはずですが。

第10章　京都大学岩下直行教授インタビュー　139

――それは今の若い人にとっては、ある意味不幸なことかもしれませんね。

　おじさん臭くなって嫌なのですが、僕らの頃には何もなかったので、何でも自分でやらないといけなかったのです。パソコンだってメーカ間で互換性がなかったし、フロッピーディスクは（物理的な）大きさが違っていました。フロッピーディスクは容量も少なかったし、傷つけて読めなくなったら、何でバックアップとらなかったと怒られたりして、非常に苦労しながらやってきたわけです。こういう苦労をした経験で、社会に出てから役に立たなかったものは私の場合はなかったです。
　私は**線形代数**（注9）を学んでいたので、日銀で**産業連関表**（注10）を作る時に役立ちました。地域への経済インパクトを計算するのに線形代数が役立ったのです。私が日銀の長崎支店にいた時に、円高になったので造船事業の採算が厳しいと業界でしきりに話していました。しかしながら、「逆に円高の場合、実際の所得が上がるとかメリットもありますよね」と業界の人に話す時に、線形台数は役立ちました。当時は今のようにExcelもありませんでしたので、行列の計算は大変だったのです。暗号も数学のかたまりなので、学生時代に学んでいたことが本当に役に立ちました。かなり難しい数学だったけれど、仕事に活きたと思います。標準化の会議でも、私が楕円関数暗号について他のメンバーに教えてあげることができました。こういう専門家の集まる会議でリードできるのは大事なことなのです。
（注9）：行列を使って統計や画像処理に使われる数学の一分野。
（注10）：産業ごとの生産構造（どこから原材料を購入しているか、ど

こにお金を払っているかなど）や販売構造（どこに売っているか）が
わかるように取りまとめた表。

　国際会議で海外出張に行くと英語を話さざるを得ません。英
語は学生時代にもっと勉強しておけば良かったと思います。学
生時代には、そのうちＡＩが翻訳するようになるから単語を覚
える必要はないと思っていましたから、あまり真剣に英語の勉
強はしませんでした（笑）。日銀に入ってから会社を代表して、
海外で発表する機会なども出てきたので、週末に必死に勉強し
ました。おかげさまで今では何とかなりましたが、最後は英語
力よりも何を伝えたいかという内容だと思います。文法が多少
間違っていようが、話す内容がしっかりさえしていれば、きち
んと専門的な議論ができます。さらに国際会議では相手よりも
少しでも知っていることが大事なのです。内容を知っているこ
とが一番大事で、私の場合、経済学と数学とコンピュータを一
生懸命に勉強したことが非常に役に立ちました。

　私の場合、相手から理系だと思われることが多いですね
（笑）。ところで相手を説得したりする時や論文を書く時には、
何を伝えたいかが問われていると思います。相手に伝えるた
めに歴史書や文学書を読んでいます。相手を説得するために
は、自分の書く量の10倍読まないと書けないと私は思うので
す。『ダイヤモンドダスト』『阿弥陀堂だより』を書かれた芥川
賞作家の南木佳武さん、彼は信州で医者をやっている方なので
すが、彼が書くものが私は大好きです。私は執筆する時には彼
の本を横に置いて、書くのに疲れたら、ぱらぱらと読むように
しています。そうすると自分が書いているものが、プロの作家

第10章　京都大学岩下直行教授インタビュー　141

に比べて、いかに冗長であるかと気づかされます。そして、直前に自分で書いたものを書き直したりするのです。

　こんなことをやっていると、自分自身が文系そのものという気もしてきます（笑）。たぶん理系と違うところは、私が実験をしていないことでしょうね。先行する論文を読んで、ギリギリの我慢をしながら、成果をまとめていくといった理系の真髄は、私は経験していないのです。実は、私は電気通信学会の論文の査読委員を務めていましたが、そのへんの経験が足りないことは自分でよくわかっているつもりです。

——実験っていうのは、真実を探し出す丁稚奉公のようなもので、何時間やっても望むデータは出ない、それでもこのデータは改ざんしてはいけない。そんなことを学ぶ場のような気がします。

　そのような実証主義的なことはあまりやってきませんでしたね。文系としては、まずはデータありきで、そこを疑うようなことはしませんでした。ここには理系と文系でカルチャーの違いがあると思います。私はデータを使ってモデルを作り、その検証を行なうほうが好きだったのです。

——理系でも理論が好きな人と実証実験が好きな人に分かれると思います。先ほど今の学生が学校で学んだことは、ほとんど役に立たないと思ったほうが良いとご発言されたかと思います。一方で岩下先生の場合は、学校で学んだことが見事に役に立っていらっしゃる。そこで今の学生達に、今後ＡＩ時代を迎えるにあたり、こんなふうに勉強したらというアドバイスがござい

ましたらお願いします。

　ひとつは多読することではないでしょうか。**多読する中に偶然、見つかることがある**。これを**セレンディピティ**（注11）といいます。10年後がどうなっているか誰にもわからないじゃないですか。それをこうなるはずだから、こんな準備をしておこうなんてやっても本当にそんな時代にならないかもしれない。せいぜい先が読めるのは3年くらいかもしれないですね。そうするといろんな分野に好奇心を持つことも大事だと思います。
（注11）：何かを探している時に、探しているものとは別の価値があるものを偶然、見つけること。

　もうひとつは、昔は、公私混同は良くないと言われていましたが、今は、積極的に公私混交のほうが良いとは思いませんか？　言い方はきついのですが、人間にとって単なる書類を作って上の人のハンコをもらうのは、本来の仕事ではないと思います。単純作業はロボットがやるようになると思います。そうなると人間が「人間として機能するよう期待されていること」を実行するのが、本来の仕事ではないかと思うのです。
　いろんな関係のない物事を結びつけることが、ひとつのストーリーとなる。ディープラーニングで、何でもかんでもデータを放り込めば何とかなるというのは間違い。むしろ、こんな小説を読んだ、教科書にはこんなことが書いてあった、その実証実験を行なった、そういうことをつなぎあわせて総合的な反応が出てくる。つまり融合させて、ひとつの作品にしていく努力が必要だと思うのです。たとえばＡＩ時代にＡＩのことだけではダメなのです。**いろいろな知識を手に入れ、自分の好きな**

第10章　京都大学岩下直行教授インタビュー　143

ことに不思議とつなげていくことができる人が、これからのＡ
Ｉ時代を生きぬけるのではないでしょうか。

――スティーブ・ジョブス氏がスタンフォードの卒業式の挨拶
の中で「カリグラフィー（書体）の勉強をしたけれど、好きだ
から勉強しただけ。役に立ったのはマッキントッシュを作った
10年後だったが、当時は役に立つなんて思ってもいなかった」
という話をしていました。感動的なスピーチだと思うのですが、
岩下先生がおっしゃるのも同じように聞こえます。

　コネクティング・ドット（注12）の話ですよね。その時点で
見たらわからないが、後になって振り返るときちんとつながっ
ていたのだなとわかることですよね。
（注12）：点と点をつなぐという意味。その時点では結びつかなかった
出来事が、後になって見事に有効だったことがわかること。私には
ジョブス氏と岩下教授が、全く同じ経験をされているように思える。

――まさにそのとおりです。そうすると今は役にたつかどうか
わからないけど、ともかく自分の好きなことをおやりなさいと
いうのは、学生達へのアドバイスになりますか？

　自分の好きなことだけというより、それを広げていく。**好き
なことに関連するような別のことにも興味を広げていく努力**を
する。その結果、いろいろなものが融合して形作りがなされる
という経験をすると成功体験として自信につながるのではない
でしょうか。

144

――本日はとても素晴らしいお話を伺うことができ感動しました。本当に有難うございました。

岩下直行教授プロフィール

公式ホームページ：https://www.iwashita.kyoto.jp/

1984年3月、慶應義塾大学経済学部卒業。

同年4月、日本銀行入行。

1994年7月、日本銀行金融研究所に異動し、以後約15年間、金融分野における情報セキュリティ技術の研究に従事。同研究所・情報技術研究センター長、下関支店長を経て、

2011年7月、日立製作所に出向。

2013年7月、日本銀行決済機構局参事役。

2014年5月、同金融機構局審議役・金融高度化センター長。

2016年4月、新設されたFinTechセンターの初代センター長に就任。

2017年3月、日本銀行退職。同年4月、京都大学・公共政策大学院の教授に就任。

同年6月、PwCあらた有限責任監査法人スペシャルアドバイザー兼務。

同年8月、金融庁参与兼務。

2018年2月、フランス・ルイバシリエ研究所のシニアフェローを兼務。

あとがき

「理系・文系ハイブリッド型人間」の必要性について書いてきました。果たしてどれだけの人に賛同いただくのかは想像もつきません。また私自身の経験をコラムという形にまとめてみましたが、興味を示してもらえる読者がどれくらいいるのかもわかりません。私は教育関係の素人なので、教育の常識を知らないことによる間違いや誤解もあるかもしれません。製造大手企業に務めた私の経験はひょっとすると特殊なもので、普遍化するには無理があるのかもしれません。このような疑問や心配は書くたびに増えていき、途中で悩み立ち止まることも幾度もありました。

しかしながら、社会のことをほとんど知らない高校生が理系か文系の選択を迫られることへの疑問、そしてその選択後は不足した教養のまま社会人になることへの心配が、私をこの本を書くことに駆り立てました。特に理系に不足しがちの会計や歴史の知識は、私自身でも勉強が必要と思い社会人になって必死に学んだ経験があります。また文系出身者の数学や技術にたいする理解度は相当に低いということは現実に感じたことでもあります。

そんなことを考えている最中に経団連から「理系学生は歴史と哲学を、文系学生は数学をもっと勉強すべき」との提言がなされました。経団連の狙いは日本がソサエティ5.0を目指すためにこのような勉強が必要というものです。ビジネスマンとして私なりに考えると「理系学生は財務知識と歴史を、文系学生はＡＩを含めた最新技術をもっと勉強すべき」となります。経

団連も私も、理系と文系はお互いにハイブリッド型人間を目指すべきという主張であり、そこに大きな相違はないと考えます。

　本文中に何度も述べましたが、企業側からすると理系だろうが文系だろうが、一旦その職種についてしまえば出身学部は何も関係はありません。また昨今はAI導入などの影響で、職場としては理系が望ましいのか文系が望ましいのかの判断が難しくなりつつあります。さらに理系と文系の相互理解はビジネス上でもかなり役立つものです。今後は「理系・文系ハイブリッド型人間」が当たり前になるのではないかと私は考えます。また「理系・文系ハイブリッド型人間」のメリットと、なるためのコツについても記載してみました。皆様のご参考になれば幸いです。

　私自身の文系就職の結果はどうだったのかということについても書いておきます。私の場合、身も蓋もない言い方で恐縮ですが、理系出身者として得をしたことも損をしたこともあまりなかったかなというのが正直な感想です。しかしながら、巨大組織に入社しグループ会社の社長まで経験できたので、社内や顧客からは評価されたと言っても良いのかもしれません。

　今後のＡＩ全盛期に求められる人間像は、理系と文系の、さらにハイブリッドなものになるというのが私の主張です。今後は海外の巨大プラットフォーマーや中国、インド、東南アジアの国々の企業らと競争しながらも日本企業は勝っていかなければなりません。日本のビジネスマンには、理系と文系の垣根を越えて活躍してほしいと願います。

私がこの本を書くにあたり、執筆を勧めてくださった二松学舎大学の江藤茂博学長をはじめ、インタビューを心よくお引き受けいただいた京都大学の岩下直行教授、執筆をがまん強くサポートいただいた言視舎杉山尚次社長、内容についてアドバイスをくれた家族に心からの感謝の意を表します。最後になりますが、文章中の個人名・会社名の敬称を略させていただきましたことをお断りします。

江 勝弘（こう・かつひろ）

長崎県生まれ。幼少期は体が弱く本ばかり読んでいた。早稲田大学理工学部にて電気工学を学んだ後、1978年に日立製作所に入社し地銀向けコンピュータ営業を担当する。日立製作所と日本マイクロソフト社の合弁会社の社長を務めた後、日立製作所とオムロン社の合弁会社に転籍し営業系執行役員、常務取締役を経験した。現在は（株）ウェッブアイ社顧問。最近では各所でＡＩ（人工知能）の講演を行なっている。一般社団法人日本取締役協会会員、ＮＰＯ法人新現役ネット会員。趣味はパソコンの自作とゲーム。

装丁………長久雅行
DTP制作………勝澤節子
編集協力………田中はるか

理系・文系「ハイブリッド」型人生のすすめ
ＡＩ時代をリードする「生き方」指南

発行日❖2019年7月31日　初版第1刷

著者
江 勝弘

発行者
杉山尚次

発行所
株式会社言視舎
東京都千代田区富士見 2-2-2 〒 102-0071
電話 03-3234-5997　FAX 03-3234-5957
https://www.s-pn.jp/

印刷・製本
㈱厚徳社

© Katsuhiro Kou, 2019, Printed in Japan
ISBN978-4-86565-153-9 C0036

言視舎刊行の関連書

978-4-86565-147-8

どんな大学に入っても
やる気がでる本
ホンネで考える大学の活用法　A to Z

鷲田小彌太著

この本を読めば、そもそも大学に行く意味とは何か、どのように学べば知的元気がでるか、がわかる。だれにでもできる大学の知的活用術を解説。なかなか正確な情報がない大学院進学と研究生活案内も充実。やりたいことが見える本！

四六判並製　　定価1500円＋税

978-4-905369-42-4

平賀源内に学ぶ
イノベーターになる方法

出川通著

平賀源内の発想法・生き方が、現在の日本と日本人を活性化する。学者、発見家、発明家、エンジニア、起業家、ネットワーカー……改革者として源内がなしたことを検証し、現在に生かすヒント・方法を導き出す。

四六判並製　　定価1500円＋税

978-4-905369-43-1

理系人生
自己実現ロードマップ読本
改訂版
「理科少年」が仕事を変える、会社を救う

出川通著

あらゆる領域でイノベーションが求められている。「専門家」「技術者」というだけでは、食べていけない時代に突入！自分の仕事と組織をイノベートするには「ロードマップ」の発想と「理科少年・少女」のわくわく感が最も有効。あらゆる分野でつかえる知恵とノウハウ。

四六判並製　　定価1600円＋税

978-4-86565-146-1

技術者の逆襲
経営者の期待を越える
発想と実践のノウハウ

藤井隆満著

キーワードは特許！次に何を開発すべきか、最近の市場のニーズ、自社技術の顧客ニーズ、保有技術のいい出口がわからないという悩みを解消！アイデアが続々誕生する方法を徹底指南。すぐ実行できる提案書のお手本付き。

四六判並製　　定価1600円＋税